欧洲大学之巴黎大学

王子安◎主编

汕头大学出版社

图书在版编目（ＣＩＰ）数据

欧洲大学之母——巴黎大学 / 王子安主编. -- 汕头 : 汕头大学出版社，2012.4（2024.1重印）
ISBN 978-7-5658-0699-5

Ⅰ．①欧… Ⅱ．①王… Ⅲ．①巴黎大学－概况 Ⅳ. ①G649.565.8

中国版本图书馆CIP数据核字(2012)第066383号

欧洲大学之母——巴黎大学

主　　编：	王子安
责任编辑：	胡开祥
责任技编：	黄东生
封面设计：	君阅天下
出版发行：	汕头大学出版社
	广东省汕头市汕头大学内　邮编：515063
电　　话：	0754-82904613
印　　刷：	河北浩润印刷有限公司
开　　本：	710mm×1000mm　1/16
印　　张：	12
字　　数：	80千字
版　　次：	2012年4月第1版
印　　次：	2024年1月第2次印刷
定　　价：	55.00元

ISBN 978-7-5658-0699-5

版权所有，翻版必究
如发现印装质量问题，请与承印厂联系退换

目 录

往日重现

世界最古老的大学 …………………………………… 3

"五月风暴" …………………………………………… 28

国际大学城 …………………………………………… 32

科技之路

首位女性诺贝尔奖得主居里夫人 …………………… 41

化学之父拉瓦锡 ……………………………………… 52

微生物学家巴斯德 …………………………………… 61

血液学专家让·杜塞 ………………………………… 66

政界名人

联合国秘书长加利 …………………………………… 77

法国总理若斯潘 …………………………………… 85

法国总统密特朗 …………………………………… 88

现代奥林匹克之父顾拜旦 ………………………… 92

大革命时期恐怖实施者罗伯斯庇尔 ……………… 98

人才云集

大文豪罗曼·罗兰 ………………………………… 115

戏剧大师贝克特 …………………………………… 123

和平使者巴尔奇 …………………………………… 134

身残志坚的医学家雅各布 ………………………… 151

护理之母南丁格尔 ………………………………… 159

华人风采

天才数学家陈省身 ………………………………… 165

核物理学家钱三强 ………………………………… 171

国学泰斗王力 ……………………………………… 174

居里夫人的中国学生施士元 ……………………… 177

著名物理学家严济慈 ……………………………… 185

往日重现

欧洲大学之母——巴黎大学

世界最古老的大学

巴黎大学原名索邦神学院,后来改名为巴黎大学。巴黎大学是法国国立大学,原为教师行会性团体,是一所在国际上享有非常高声誉的综合性大学。巴黎大学所培养的人才中,许多早已成为在世界政治、经济、文化和科学等各领域代表。

巴黎大学

走进科学的殿堂

中世纪的欧洲，学校教育有着非常悠久的传统。而教会在欧洲从混乱到形成秩序的过程中起到了很大的作用。遍布欧洲大陆各地的修道院，其实就在执行着学校教育的功能。最早的修道院学校大约出现在公元6世纪，到了7世纪，在修道院教育基础上发展起来的主教学校，就已经成为较为正规的教育机构了。主教学校和僧侣学校教育的发展，需要产生一种新的组织机构的出现，在这个时候大学就这样应运而生了。

12世纪后半叶，巴黎大学从教会学校逐渐发展起来的，它与意大利的博洛尼亚大学并称世界最古老的大学，又被誉为"欧洲大学之母"。欧洲各主要大学的建立模式均受此二校影响。建校的目的，就是教穷孩子学习神学。学生在这些学校里除了必修神学（这是主要课程）外，还要学文法、修辞、数学、几何、逻辑、音乐和天文等7门神学以外的课程。

1208年，罗马教皇伊隆桑三世批准巴黎大学师生可制定自己的章程。据此，1215年，罗马教皇特使库尔松为巴黎大学制定了第一个章程，取消圣母院主事对巴黎大学的控制权。章程对艺术和教育进行改革，对教师资格做了具体规定。

作为教会的神学院和中世纪欧洲最重要的教学与学术中心，巴黎大学一开始就处在教会和世俗势力双重夹击下，巴黎大学争取自治的道路艰苦而漫长。1229年，巴黎主教借学生与市民的冲突对学生提出起诉，摄政王太后下令抓捕学生。在与国王的警察发生激烈冲突中，学生死伤很多。师生愤然罢课，最后撤出了巴黎。

1231年，长达两年的罢课使得罗马教皇格列高利九世出面调停。这位法学家出身的教皇确认了大学的法权自治和结社权、罢课权、授予学位的专一权等特权。在与教士进行过无数次争执和斗殴后，虽然巴黎大学付出了血的代价，但是它取得国王特许证书，摆脱了主教们的监督、控制和干涉。至此，巴黎大学作为一个独立的团体正式成立。

1252 年，巴黎大学设计出了自己的校印，印上刻有中世纪拉丁文，上面写着巴黎师生行会，这是巴黎大学获得独立和权力的象征。巴黎大学原址坐落在巴黎市内第五区，是个知识密集的区域。因为 13 世纪的大学里以拉丁文传授知识和交谈为主，所以该区又称为"拉丁区"。作为文化象征，老巴黎大学周围的地区有五多，即学校多、书店多、旧书摊多、咖啡馆多、旅馆多。

在罗马教皇的支持下，巴黎大学成为阿尔卑斯山北部地区正统的神学教学中心。13 世纪末和 14 世纪初，它成了基督教世界最著名的教学中心，尤其是神学的教学中心。巴黎也成为一个享有盛名的大学中心，大批来自西欧的教师和学生向这里拥进来，同法国人一道宣扬基督的普救性，使人们顺从主的思想胜过顺从封建君主。13 世纪时，巴黎大学的学生已经达到上万人，大多数来自欧洲的邻国。

文化名城巴黎正是因为有了巴黎大学才名扬四海。从此，就如 13 世纪另一位教皇亚历山大四世

教皇亚历山大四世

走进科学的殿堂

所说的，巴黎成了"生命之树"，它吸收了欧洲各国最好的学生和许多来自各国的最优秀教师，巴黎大学则成了"法兰西国王的大公主"、"教会的第一所学校"，而且还是神学事务中的国际仲裁人。

15世纪初期之前，巴黎大学比其他大学拥有更多的特权。但学生们经常罢课、打架，他们既反对教皇的监督，也拒绝国王的监护。在很多情况下，不论是主教们还是国王的警察都对巴黎大学无可奈何。于是，1437年，国王查理七世撤销巴黎大学的税务特权，并迫使它为收复蒙特里奥而征收的"资助"提供资金。1445年，巴黎大学的法律特权也被撤销，大学被置于议会的管辖之下。1449年，又取消了巴黎大学师生的罢课权。这样，巴黎大学只得听命于世俗国王，成了国王的掌中之物。与此同时，在14和15世纪，大学也丧失了它的国际性特点。其主要原因在于许多新建立的大学越来越注重从本民族招生，甚至从本地区招生。

文艺复兴的兴起，对形式主义和僵化的巴黎大学又是一个可怕的打击。宗教改革是这一时期与文艺复兴相关联的一个重大社会变革，二者都是人文主义的产物。欧洲宗教改革在德国、法国和英国几乎同时进行。

红衣主教黎世留

17世纪初期，曾在法王路易13世王室担任宰相达18年之久的红衣主教黎世留（1585—1642年）出任巴黎大学校长。大仲马的名作《三剑客》曾描写过这个赫赫有名的历史大人物。他几经艰辛，花费巨财，亲自主持了巴黎大学自建校以来第一次大规模的重建工程，使巴黎大学有了飞速的发展，从而在巴黎大学校史上写下了光辉的一页，也为他自己奠定了国际威望。如今，人们为了纪念他创办学校的功绩，在这所学校的大教堂中安放着他的坟墓与雕像，并在坟墓上方吊挂着一顶据说是他戴过的红帽子，这样做算是对这位红衣大主教出身的大学校长的纪念。

1694年，夏尔·罗兰当选为巴黎大学校长，他被公认为近代大学教学方法改革的先驱之一。18世纪中期开始，巴黎大学在教学上采取了一系列的措施，如1747年，巴黎大学第一次举行竞争考试，以鼓励各学院之间的竞争。

1789年，法国爆发了历史上一次彻底的反封建的资产阶级大革命，推翻了波旁王朝，结束了法国近千年的封建君主统治，为资本主义社会的建立扫清了障碍。法国大革命的胜利，加速了西欧各国封建营垒的土崩瓦解，推动了资产阶级民主运动的发展，为整个欧洲新的社会政治制度的建立奠定了基础。马克思曾经指出："当时资产阶级的胜利意味着新社会制度的胜利。"列宁也高度评价了这一革命，认为"整个19世纪，即给予人类文明和文化的世纪，都是在法国革命的标志下度过的"。大革命之后，由于资产阶级各派政治力量的斗争十分尖锐、复杂，因此，从1789年到拿破仑一世于1804年登基的10多年间，其政权几经更迭，而"拿破仑帝国是法国革命的最后阶段"。

巴黎大学在革命的高潮中受到了极大的冲击。1789年9月，当局拒绝给巴黎大学以投票权。1791年10月17日沙普尼埃法案取消巴黎大学及其所属学校法人资格。1792年4月5日解散"索邦社团"。最后，到"恐怖时代"的1793年9月15日，巴黎大学的4个学院宣布被取缔，财产被卖掉，甚至连已有500多年历史的索邦街也改名为沙迪纳街，索邦广场改为沙里埃广场，路易大帝学校改为"平等学校"。1794年，国民公会颁布法令，解散外省的25（或27）所大学。这是资产阶级为打击封建势力和教会势力所采取的一种非常极端的做法。直到1806年拿破仑下令创办帝国大学后，巴黎大学才得以恢复。1808年初，拿破仑委托富尔库瓦起草新的计划，这就是3月17日法案，通过这一法案来组织大学。大学的建立是拿破仑"帝国唯一经久的事业"。

巴黎大学恢复以后，将那些专业学校，即神学、医学、法学学校合并在一起，还有艺术学院取消后新建的文学和理学两校也包括在内，加上1840年并入的药学校，统统冠以"学院"的名称。这样，巴黎大学一度曾有6个学院：神学院、法学院、医学院、文学院、理学院和药学院。1885年神学院被取消，最后，巴黎大学剩下5个学院，一直保留到20世纪60年代末。

不过，巴黎大学继承下来了中世纪的一个传统：各学院都拥有一根做工精细的权杖，作为本院权力的象征。中世纪时期，4个民族团和4个学院都有权杖作为自己的标志。校长，作为全校的最高首领，有权指挥各民族团首领和各学院院长。各首领和院长是本单位的持权者。

巴黎大学刚刚恢复的时候，各学院的规模都不大。索邦神学院当时仍被艺人们占着，只得在索邦广场和索邦街之间一个角落里临时授业，被称为"索邦的校外学校"。法学院设在离索邦神学院不远的先贤祠对

面的一幢楼房里。医学和外科两校合并后的医学院设在今天"医学院街"的一栋房子里面,就是当年的外科大阶梯教室。至于文、理两学院开始情况更差,被临时安排在路易大帝学校旁边的迪普莱西学校里面。

索邦神学院一角

1821年1月政府颁布的法令,将"原索邦神学院的房屋及附属建筑"分配给国民教育部使用,这样,理学院、文学院和巴黎学区才搬进了黎世留时代的索邦神学院。

1828年是巴黎大学自恢复以来最光荣的时期。这一年的春天,巴黎大学开设了3门深受社会公众欢迎的课程,这就是维勒曼(1790—1870年)的"18世纪文学"、库赞(1792—1867年)的"哲学通史"和基佐(1787—1874年)的"欧洲文明史"。巴黎大学这几位年仅20

多岁的青年学者，风华正茂，才华横溢。他们一步入巴黎大学的讲坛，就以其学识渊博、讲授有方而闻名遐迩。正如作家兼文学评论家圣伯弗（1804—1869年）评价的那样，维勒曼感情"奔放、跳跃、风趣、善于综合公众的反应"。库赞富有演说家和圣使的口才，他是一位哲学家，同时又是一位艺术家和出色的表演家。相比之下，基佐显得严肃、朴素，善于抽象思维。每当他们讲课时，听众早早就到了场。那个设有1200个座位的大教室座无虚席，讲台上总是放着几束鲜花。讲座结束后，人们涌到教室门口夹道欢送。他们的课堂讲演每次都被记录下来，打印成册，然后又传到四面八方，甚至远至欧洲其他国家。

1830年，文学院开办外国文学讲座，由文学评论家富里耶勒（1772—1844年）讲授，这是一位"最能激励人们思想的人"。后来又出现12位著名教授，被人们称为"十二大师"。

法国大革命后直到普法战争前，除巴黎大学外，法国高等教育的发展还是十分有限的。1868年建立了"高等研究实验学校"。它的任务不仅仅是进行娓娓动听的教学，而是要使实验室里的研究同时具有实用性和先进性，要使"实验学校"成为一个研究中心。"高等研究实验学校"的研究实验科目分为4个部分：数学、物理和化学、自然科学和生理学、历史和哲学。前3部分的实验室分别属于巴黎大学理学院、法兰西学院、医学院，第4部分设在索邦图书馆。1886年，当神学院作为国家的大学被取消的第二天，"高等研究实验学校"建起了第5个研究科目：宗教学。

1868年，即普法战争前两年，当时拿破仑二世的国民教育部长维克多·迪律曾怀着一种"不安的感觉"写道："德国人已经对实验科学作出了巨大的贡献",而"法国的科学却落后"了。因此,迪律要求政府增加对巴黎大学各学院给予一定的资助。普法战争的结果表明,当时迪律的担心并不是没有道理的。

拿破仑摄政之后,实行教育改革,以"帝国大学"对法国所有大学教育机构作出中央集权式的管辖,巴黎大学此时名存实亡。通过1806年5月10日的"有关帝国大学的构成法",建立了"帝国大学"制。在拿破仑时代,研究机构不仅在数量上有所发展,而且还各自呈现出不同特色,如法兰西学院、高等学术实用学院,着重人文和一般科学研究,自然历史博物馆则以自然史、生命和地球科学研究为主。除了进行学术研究,各种研究机构还进行公开讲演和报告会,鉴定和评选科研成果并担负普及科学知识等工作。

拿破仑二世

根据法令,帝国大学不再是中世纪师生的行会组织,而是转变为"专门负责帝国公立学校教育的机构"。帝国大学的最高行政长官是国民教育部部长。这样,巴黎大学一度被取消,直到19世纪末才得以恢复,并渐渐恢复了中世纪时所拥有的声望。1881年,法国政府与巴黎市政厅最终达成双方共同投资扩建巴黎大学协议,各付扩建经费的一

走进科学的殿堂

半，共计3220万法郎。1889年，法国大革命100周年纪念之际，巴黎大学第一期重建工程竣工。当时，举行了长达9天的庆祝活动，盛况空前。

第二次世界大战之后，随着第五共和国的建立和经济的振兴，法国的高等教育也得到了迅速的发展。随着经济的恢复和民主运动的发展，巴黎大学也在不断扩大，此时，巴黎大学的学生已达到10万人。

从20世纪60年代末开始，法国经济的发展进入了"黄金时代"，法国社会的各个方面经过第二次世界大战后20多年的发展，也已发生了十分巨大的变化，而高等教育的一切仍旧是中央说了算，政府一成不变地沿袭着"中央集权"的高等教育管理模式。这种状况既影响了高等学校的活力，使之难以主动地适应社会需求，同时也压抑了教师和学生希望参与学校管理的民主要求。

于是，1968年，发生了一场肇始于巴黎大学，由普通学生自发促成并波及全法国，进而波及欧美，震惊世界的"五月风暴"。

从1969年初开始，巴黎大学各学院准备改组，并开始酝酿组成巴黎地区新的大学。他们首先组成了175个新的"教学研究单位"，然后，经过两年多方面的协调工作，终于在1970年底以法令的形式宣布组成新的13所巴黎大学。1971年1月1日，新生的13所巴黎大学同时宣告成立。整个大学分成13所独立的大学，但都称为巴黎大学。

巴黎大学的创始人

罗贝尔·德·索邦（1201—1274年），神学家，索邦神学院创始人。索邦神学院即是后来的巴黎大学。

索邦出生在法国北方阿登省索邦镇的一个平民家庭。25岁时去巴黎拉丁区攻读神学，以优异的成绩取得了教士资格，当上圣母院议事司铎，后来成为法王路易九世的私人忏悔教士。

在国王（法王路易九世）的支持和帮助下，索邦在圣·热内维埃芙山的山坡上创立了一所神学院，并出任该学院院长，取名索邦神学院，目的是为了能够给贫穷的学生们提供学习神学的机会。

那时的他并不富有，甚至没有能力为学生们提供住宿。他在一些分散的、条件简陋的教室里免费为学生们传授神学知识，同他一起参与这项工作的还有兰斯的主教代理纪尧姆·德·布雷、皇后的议事司铎兼医生罗贝尔·德·杜埃、后来成为红衣主教的戈德鲁瓦·德·巴尔以及国王的布道牧师纪尧姆·德·夏特。直到1253年，这所神学院才被认可，并在1259年得到了罗马教皇亚历山大四世的批准。

法王路易九世像

1271年开始，索邦又在学院相继增设了对哲学、纯文学和良心问题的研究专业。在十字军东征期间，王后布朗施·德·卡斯蒂娜决定把

走进科学的殿堂

罗贝尔·德·索邦从一些好心的资助者那里获得的零零散散的几处校舍集中起来。她把原本属于一个叫让·德·奥尔良的一幢房子和一些石砌的马厩赠送给神学院供学生们的住宿,这些房舍位于泰尔姆宫前的库普·格尔路,这条路后来被改称为索邦路,也就是今天闻名遐迩的维克托·库赞路。

渐渐地,到了14世纪,这个学院发展成为神学研究中心,除了神学研究,还有医学和人文科学的研究,是基督教世界最著名的教学中心。在神学主导欧罗巴大陆的中世纪时期,索邦成为欧洲大学的典范,牛津大学和剑桥大学以及德国的一些大学大都是根据它的模式创建的,因此,在欧洲学院的历史发展进程中,人们常说:索邦,欧洲大学之母。

巴黎大学校长黎世留

黎世留(1585—1642年),政治家,红衣主教。17岁进入索邦神学院专攻神学,20岁获神学学士学位,21岁被法王亨利四世任命为吕松地区主教,29岁当选为全国三级会议的僧侣代表,并任命为女皇安娜·英特里茨的指教神甫。曾担任路易十三时代的宰相,法国中央集权制就是从黎世留时代开始的。1622年,黎世留接替雷萨任红衣主教,同时当选为巴黎大学校长。

黎世留上任之后,重新肯定了索邦神学院的重要性。他非常高兴地担任起了校长的职务,并为保护它的各项权利作了不懈的努力。为了肯定知识的力量和宗教的光辉,他决定用自己的资金改建索邦破旧的建筑。

1625年，黎世留提议重建巴黎大学。在他的强烈要求之下，勒梅西尔着手重建环绕在一个南北长150米、东西宽45米的长方形大院子周围的会议大厅、一些教室和宿舍。在这块宽敞的空地的南侧，1635年到1653年之间，这位大建筑师建起了一座气势宏伟的教堂作为红衣主教的墓地。黎世留亲自为重建"索邦小教堂"奠基。这是巴黎大学唯一保留下来的17世纪的精美建筑。

教堂正对面是索邦广场，富丽堂皇的门面装饰着四根考林辛式柱，上面是由三角楣托起的一些混合式柱，十字架上高高耸起一座圆形的塔，塔顶是一个直径15米的圆盖。整个教堂高39米，4个小钟楼环绕在周围。教堂内部装饰也非常华丽，墙壁被一些考林辛式壁柱分成条状，饰有图画和雕塑。这些装饰品都出自那个时代最好的工匠之手，内部的中心位置就是由吉拉东建造的黎世留墓。

现在，人们为了纪念黎世留创办学校的功绩，在这所学校的大教堂中安放着他的坟墓与雕像，并在坟墓上方，吊挂着一顶据说是他戴过的红帽子，以此来表示对这位红衣大主教出身的大学校长的纪念。

黎世留画像

巴黎第一大学

　　邦岱翁—索邦大学，简称巴黎第一大学，是巴黎索邦大学和巴黎法学与经济学院的继承者，位于巴黎市中心。它拥有世界上最大的校园和历史悠久的著名建筑。巴黎第一大学享用着法国大学遗产中部分最负盛名的建筑物。学校一直在巴黎市中心拉丁区拥有一个庞大的主校园，并从20世纪60年代起逐渐在巴黎市区范围内四处扩建发展。

　　巴黎第一大学和其前身巴黎大学法学院一样，既忠实于国际传统，

巴黎第一大学

又关注时代的各种演变,与世界五大洲的所有著名大学都有重要学术交流,在培养研究者、学者、法官和高级经理等方面发挥了重要作用。

巴黎第一大学的科学研究既继承了名校历史所遗传的卓越传统,又在研究主题与方法上进行了不断地创新。

巴黎第一大学是负责管理法国最大的资料资源中心之一。而拥有近300万册藏书的富丽堂皇的索邦图书馆则无疑属于该资料资源中心的瑰宝。

巴黎第二大学

位于巴黎市拉丁区中心的邦岱翁—阿萨斯大学(巴黎第二大学)成立于1971年,其前身为巴黎大学法学与经济学院,曾为法国培养了一代又一代的法律界、经济界和政治界的高级人才。

科研在学校活动中占有十分重要的地位,学校所设的众多研究所和研究中心与国际网络交往十分密切,承担培养数百名博士研究生,学术活动和出版物丰富多样。每年有许多高质量的博士论文获得答辩通过。5个博士研究生学院集中25项高等深入研究文凭(DEA)课程以及相应的研究中心,其中3个为国家科研中心(CNRS)的合作研究所。

巴黎第二大学目前的四大支柱学科为:法学与政治学、经济学、管理学与信息传播学。在每一学科领域中,巴黎第二大学首先注重教学法,即实施一种严格、高要求、面向欧洲与世界并能为职业生活作准备的课程教学。

巴黎第三大学

巴黎第三大学的前身——索尔邦大学，得名于它的创立者罗伯·德·索尔邦——法国国王路易九世的神甫。

巴黎第三大学

自诞生之日起，它的历史就与巴黎大学的发展息息相关，以致被视为巴黎大学的象征。

自从1984年1月法国有关高等教育的法律颁布之后，索尔邦大学开始按分管原则进行管理，由大学各机构中选出教师、工程师、行政人员、技术人员、工人和公共事业人员的代表来进行共同管理。

巴黎第三大学是法国最权威的语言文学大学。学校开设有语言、外语、文学等专业，不但涉及专业全面，而且有许多知名教授、专家在此任教。学校还有一个法国最著名的高等翻译学院 ESIT，专门培养笔译和同声翻译的高级专业人才，其高质量的教学和高标准的要求，使毕业生成为国际会议和国际组织里炙手可热的人才。

巴黎第四大学

巴黎的索邦神学院是世界上最古老的大学之一，一直在学术界起着重要的作用。1971 年为了适应大学教育迅速发展的情形，法国政府在索邦大学的基础上发展了 3 所大学，并都沿用了"索邦"的名字，它们是巴黎一大、三大和四大。巴黎四大继承了原索邦大学的文学和人文科学部分，堪称当今世界上在该领域开设学科最多、范围最广的大学之一。专业设置从古希腊和古埃及学一直到语言工程、哲学、社会学、历史学、考古学、地理学、信息与大众传媒以及在巴黎唯一的音乐学等。巴黎第四大学有一流的教授与专家，并且注重传统与现代技术相结合，注重发挥学生的潜力，这一切都使学校当之无愧地成为世界上文学与人文科学领域最著名的大学之一。

巴黎第五大学

巴黎第五大学，即勒奈·笛卡儿大学，总部位于塞纳河左岸拉丁区的中心，是一所实力雄厚、声望很高的学府，拥有几十位大名鼎鼎的诺

走进科学的殿堂

贝尔奖获得者和教授，是该大学的荣誉教授。巴黎第五大学还是欧洲最古老的大学之一。

根据1970年对巴黎大学的重组法案，在保留了医学、药学、语言文学及人类科学院的基础上，全新的综合性多学科大学——巴黎第五大学诞生了。学校以法国哲学家勒奈·笛卡儿（1596—1650年）的科学探索精神为指导，注重教学与科研实践。

巴黎第五大学以医学为主。附属奈克医学院的肾病研究中心是当今世界上肾病研究专业机构中最著名的学院，曾经接受过中国留学研究人员。设有免疫、生理、生化、病理、组织形态等基础研究室。以研究一般肾病、肾病高血压、人工肾应用及肾脏移植为主要任务。研究中心人才力量强大、课题系统。每年内部出版科研活动汇编，还主编国际性杂志《肾病研究进展》。

巴黎第六大学

皮埃尔与玛丽·居里大学，简称巴黎第六大学，是前巴黎索邦大学理学院的主要继承者。

巴黎大学科学院历史非常悠久，并且在19世纪—20世纪中叶培养出了大批世界著名科学家，为世界科学进步作出了重要贡献，其中最为著名的是皮埃尔与玛利·居里夫妇。1968年法国的教育改革打破了传统学校的格局，稍后在素有巴黎文化发源地的拉丁区的中心成立了巴黎第六大学，取名皮埃尔与玛丽·居里大学，以此对曾经在这里学习工作过的两位杰出的科学家表示纪念。

巴黎第六大学的自然科学与医学专业在法国规模最大、科学最全，

巴黎第六大学

其研究结果在法国乃至世界科学技术领域长期保持领先地位，并与世界上450多个著名的大学和研究机构有合作项目。有许多著名的科学家在此任教，学校对学生所以严格要求，因此培养出大批优秀的科技研究人员，所以法国科学家的摇篮。

巴黎第七大学

巴黎第七大学也叫做德尼·狄德罗大学，是一所综合性公立大学，位于巴黎市中心。占地面积为24.5万平方米。

巴黎第七大学的大部分教学与科研、行政机构都设在总部西尤广场的校区中。

走进科学的殿堂

巴黎第七大学的法国血栓形成与止血研究中心得到了法国医学科学院和法国科学院等单位的赞助，因此规模较大。在血小板和皮下组织研究方面达到了国际先进水平，并且众多的国外人员来此进修。

巴黎第八大学

万森纳—圣德尼—巴黎第八大学，简称巴黎第八大学，主校园设在巴黎北郊圣德尼市，此外有两个研究中心和一所大学技术学院（IUT）设在蒙特厄耶市，另一所大学技术学院设在特朗布莱昂法兰西市，法国城市规划学院在马恩—拉瓦莱市。

像巴黎其他几所大学一样，巴黎第八大学成立于1970年（当时曾被命名为"万森纳实验中心"），是一所文理综合性大学。学校的文学、社会学等专业在巴黎的学术界占有重要的地位。

巴黎第八大学一直是法国教育机构中民主思想的发源地之一，学校坚持自由、民主和学习机会平等的原则，接收了大量外国学生，也是少数可以录取没有高中毕业文凭学生的大学之一。

巴黎第九大学

多菲纳大学于1968年在北约巴黎办公旧址上成立的，简称巴黎第九大学。自从建校之日起便在教学内容和教学法创新方面享有一种广泛的自主性。

巴黎第九大学在成立之初是法国高等教育改革的试点，新的思路和

体制立即吸引了一大批优秀教师的积极参与。很快巴黎第九大学就成为法国最著名的大学，学校的金融、管理、经济等专业可以与法国最好的高等商校相媲美。

巴黎第九大学

巴黎第九大学的办学宗旨是围绕"公共与私立组织机构及其环境"这一中心主题发展教学与研究。作为多学科综合大学，学校发展的学科种类丰富多样。但所有学科的共同之处，是都从各自角度从事组织机构、决策与调控程序的研究。在每一个学科领域，都同时开设学术与文化教育课程和职业性教育课程。

学校一直认为组织是人类社会的基本单位，一切活动都是围绕着各种组织展开的。因此从科学、文化、职业等各个角度对组织及其决策程序和调节功能等方面进行了大量的研究。

走进科学的殿堂

学校共有6个教学单位和3个职业教育学院，450名教师以及2个共藏书15万册的图书馆。

巴黎第十大学

法国巴黎第十大学，是一所师资力量雄厚、教学设施完善的著名国立综合性大学。

巴黎十大位于巴黎西部的南泰尔，又称巴黎南泰尔大学。其地理位置优越，与著名的巴黎新区拉德芳斯毗邻。交通便利，乘坐巴黎郊区高速交通网A线即可直达。

1964年10月，巴黎第十大学的前身即巴黎大学南泰尔文学院，在其开始招生几年之后，这个学院就享誉欧洲。1968年，南泰尔文学院正式更名为巴黎第十大学，亦称南泰尔大学，并很快在文学、社会科学和教育学领域崭露头角。

现在，巴黎第十大学每年接纳近千名来自欧洲、美洲、非洲等地的留学生。并与世界各地100多所大学建立了合作关系，比如与中国的北京大学。

巴黎第十一大学

1970年巴黎第十一大学成立，因为它位于巴黎南部奥赛，所以又名巴黎南大学。学校区占地200多公顷，直属法国教育部领导。

巴黎第十一大学设有5个教学中心，总部在距巴黎20公里的奥尔

塞市，其余的分布在索城、沙特奈—马拉布里、克雷姆兰—比塞特尔和卡尚等地，都有地铁或郊区轻轨直通巴黎市中心。主校区占地200多公顷，占据了几座连绵起伏、密林覆盖的小山。造型各异但并不高大的各种教学建筑掩映在茂密的树林中。

巴黎第十一大学是在原巴黎大学理学院基础上发展为一所包含精密科学、自然科学、医学药学、工艺学、法学和经济学的多科性综合大学。该校的自然科学与医学等专业在法国享有盛誉，在规模和知名度上在法国名列前茅。

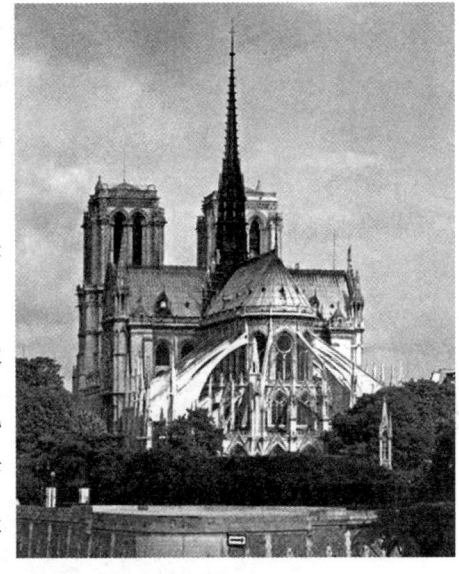

巴黎第十一大学

巴黎第十二大学

黎瓦尔德马恩大学，简称巴黎第十二大学，于1970年成立，是一所专业设置比较全面的综合性大学。坐落于巴黎东南郊区的克雷泰伊市，乘坐30分钟地铁即可抵达巴黎市中心。

学校下设的7个教学与研究单位及13个学院分布在巴黎近郊瓦尔德马恩省和塞纳与马恩省的11个校园中。

巴黎第十二大学附属的巴黎城市规划学院，是以城市规划、交通工

走进科学的殿堂

程等专业而闻名的学院，学校拥有许多优秀的教师和研究人员。

巴黎第十二大学

巴黎第十二大学现有7个教学单位，2个研究院和9个职业教育学院。学校的图书馆内藏书丰富。学校积极参与国际学术交流，目前与100多所各国院校建立了合作关系。

巴黎第十三大学

巴黎第十三大学位于巴黎北郊，又称巴黎北方大学，是从原巴黎大学衍生出来的13所大学之一。巴黎第十三大学是巴黎13所大学中唯一一所学科最齐全的著名综合性国立大学。

欧洲大学之母——巴黎大学

巴黎第十三大学

巴黎第十三大学的经济管理专业实力十分雄厚，其中的工业经济专业可以说是重中之重，有一些知名的教授领导着这一领域的研究。大学由人文学院、加里雷理工学院、经济管理学院、信息传播学院、法学院、医学院、3所大学技术学院、职业学院和3所博士学院所组成。巴黎第十三大学共有4个校区——维达勒兹校区、圣丹尼校区、波比尼校区以及拉普莱纳—圣丹尼校区。4个校区均有地铁和RER直达。

巴黎第十三大学定位为"21世纪的大学"，是一所以科研、创新为基础，有以解决时代中多种技术问题而为国民服务的综合性多学科大学。其职业技术教育在法国最为著名。

该校以科研严谨而著称，并极其重视技术的转换及增值，在通讯、教育及文献资料方面的现代技术规模应用上处于较为显著的领先地位。

走进科学的殿堂

"五月风暴"

往日重现

巴黎校园的马克思主义小组在历史上为传播马克思主义作出了非常积极的贡献。1892年开始,巴黎大学中出现了一个"国际革命社会主义小组",很多教师和学生加入了这个组织,他们认真研究马克思的《资本论》,并进行热烈的讨论。后来,学生乔治·迪亚芒狄在巴黎创办《新世纪》杂志,公开打出马克思主义的旗帜,引起了恩格斯、考茨基、伯恩斯坦、倍倍尔等人的极大关注,并为之撰稿。芬拉·拉法格翻译的《共产主义宣言》就是在这份杂志上发表的。

"五月风暴"就是典型的学生运动,不管当时青年学生发动"五月风暴"的主观愿望如何,

恩格斯

但在客观上使西方马克思主义得到了很好的传播。当时巴黎校园乃至街头就出现了身穿绿军装、头戴绿军帽、胸前佩戴毛泽东像章的青年学生，其打扮就像中国当年的红卫兵。"五月风暴"得到了法国工人阶级和职员的广泛支持，总人口5000多万的法国有1000多万工人罢工，300多个工厂被工人占领，30多所大学被学生占领。在潮水般的游行示威中，学生、工人、市民高举马克思、毛泽东、胡志明、格瓦拉的画像，甚至打出了"再创一个巴黎公社"的大幅标语。当时的法国政府接近瘫痪。

1968年1月，法国政府青年和体育部长弗朗索瓦·米索福到巴黎大学南泰尔学院为新建成的游泳池剪彩。南泰尔学院社会学系22岁的德裔学生丹尼·科恩·邦迪向部长提问："为什么您从不谈论学生们在性方面的问题？"部长自作聪明地建议科恩·邦迪说："你可以跳到水中来败败火。"科恩·邦迪针锋相对地发出颇具挑衅性和煽动性的回答："这是法西斯官员对于学生们所作的唯一答复。"学生中随之爆发出怒吼声："打倒性别隔离区！"

部长被学生们的怒吼声惊骇得不知所措。青年们的反抗便由此开始。时势造英雄，一头红发、一脸叛逆的丹尼·科恩·邦迪，无形中成为众望所归的学生领袖。"红毛丹尼"的名号一下子传遍了大学区的每个角落。3月21日，一支左翼突击队袭击了位于巴黎市区的美国搬运公司大楼，以此来抗议美国正在进行中的对越战争。突击队中有6名队员被警察逮捕，其中一名是巴黎大学的学生。22日，科恩·邦迪率领学生占领巴黎大学南泰尔学院行政大楼以示抗议。这是法国历史上青年学生第一次占领教育行政机关的运动。"3

走进科学的殿堂

月22日运动"由此启动。各种团体开始汇聚于巴黎大学南泰尔学院。

5月2日，校方关闭巴黎大学南泰尔学院，科恩·邦迪等8名骨干成员被要求到巴黎大学总部纪律委员会接受训斥。3日，巴黎大学学生开始到索邦大学总部集会抗议。政府教育部长阿兰·佩雷菲特和校长让·罗什担心"3月22日运动"会引起一系列连锁反应，因此出面邀请大批警察入住索邦校区。部长、校长的这一错误决定，反而起到了弄巧成拙、火上浇油的负面效用，从而使他们的担心陡然间成为事实。

这天下午，警察冲入校园，逮捕了500多名学生。未被逮捕的围观学生以及在场的社会青年，也同样遭受了催泪瓦斯和警棍的攻击与惩罚。之后，学生和围观青年一起用石块在卢森堡广场建起了第一道街垒。就这样，战斗开始了。接下来的几天里，整个拉丁区充斥着烟雾、瓦斯、爆炸、叫喊和肉搏……5月6日，法国全国学生联合会和全国教师工会号召总罢课和总罢教。8日，数万名示威者挥舞着无政府主义的黑旗和社会主义的红旗，高唱着《国际歌》举行大游行。

9日，萨特、波伏娃、拉康等文化名流纷纷发表宣言："向用一切手

萨 特

往日重现

段摆脱异化秩序的学生们致敬！"阿拉贡甚至在科恩·邦迪的陪同下，赴奥居斯特·孔特广场发表演讲。由于政府拒绝释放被捕者，所有和谈与调解都宣告无效。双方展开更大规模的肉搏战。报刊、电影、电视等媒介的全面介入，又使这场运动迅速波及整个法国，并且深入影响到世界各地。最后，注定失败的"五月风暴"在精神胜利的盛大狂欢中宣告终结。

走进科学的殿堂

国际大学城

往日重现

　　在巴黎市区南部与郊区交接处有一处漂亮的公园，这个公园便是蒙苏里公园，占地约 40 公顷。这里有大片的草坪，大块的树林。在草坪与树林之间，一栋栋风格各异的楼房纵横交错。三三两两不同肤色的学

巴黎国际大学城

欧洲大学之母——巴黎大学

生林荫道上在散步，交谈；路边的长椅上，有人看书，有人休息。每到下午，运动场上时时传来阵阵喝彩声，呐喊助威声。从闹市来到这个大学城，人们会有一种清新而富有活力的感觉。这些学生就来自巴黎大学国际城，这片风景秀美、气候宜人的地方就是巴黎的儒尔丹大街，是巴黎大学国际城所在的地方。

在巴黎求学的每个人都知道"国际大学城"。但它最早的叫法是"大学城"，到了1963年才改为"巴黎大学国际城"，1973年，又改名为"巴黎地区国际大学城"。这是当年为了改善大学生生活与学习条件，并通过各国青年的相互接触，促进各国人民之间的和平与友好往来而陆续建成的一片学生公寓。几十年来，大学城已成为法国青年与各国青年相互交往的桥梁，是巴黎大学与世界各国开展合作的重要渠道。

然而在这所举世闻名的大学国际城的背后，却沉积了多少年的历史和多少岁月的努力。学院规模的发展、大学城的扩大、建筑的拆建等，说起来都可以写成一部悠长的史诗。现在就让我们分别走进巴黎大学的建校发展史和学校建筑史吧。

1903年，巴黎高等师范学校与巴黎大学合并。1906年，神学院不再隶属于巴黎大学。1914—1918年，巴黎大学地下室改建以

巴黎大学

走进科学的殿堂

后，可容纳3000人。第一次世界大战中，尽管巴黎大学一直处于对方射程范围之内，甚至在1918年3月到5月对巴黎的大轰炸中，学校房屋建筑也没有遭到袭击。只是在1918年5月27日清晨8时，有一颗炮弹在圣路易大帝中学对面的圣雅克街爆炸，巴黎大学的热尔松长廊里，一块玻璃橱窗被震坏，其他各处未受损失。1920年，高等药剂学校改为药学院。按研究类型成立了研究所，以便集中研究人员和大学生从事研究活动。就在这个时候巴黎学区总长的职权由前副总长承担。

1923年，巴黎大学大学城的第一栋学生公寓——爱弥尔－路易丝·德奇·德拉默尔特楼动工兴建，于1925年建成。直到1939年，大学城共修建19栋楼房。

1945年，在巴黎大学圆形剧场，举行了戴高乐将军向巴黎大学赠送礼品的隆重仪式。1945—1967年，法国高等教育发展相当迅速。学生的急剧增长，使巴黎大学内部发生了很大的变化。首先，表现在教学制度、教学内容和教学方法上；其次，随着教师队伍人数的增加，招聘助教和讲师的规模也需要扩大。另外，巴黎大学还必须扩大校园。因此，理学院不得不逐步脱离"索邦"本部，去奥尔塞等地另寻地方安营扎寨；文学和人文科学去"南

戴高乐将军

泰尔"；法学院则在阿萨斯街旁扩建。

1968年，拉丁区成为"五月风暴"中一个激烈的舞台。所有的学院都被罢课的学生占领，巴黎大学成为了一个持不同政见者集会的中心。五月危机过后，巴黎大学根据"高等教育方向法案"重新进行调整和改组。这个法案是由当时国民教育部长富尔主持制定的，当年11月12日由议会通过。原来的巴黎大学5个学院改建成为跨学科的13所新大学，并予以重新命名。

由于巴黎大学的发展历经了第一次世界大战和第二次世界大战，因此巴黎大学在发展和扩大自己的学校规模时也曾困难重重，也曾突飞猛进。学校的建筑史，就像学校学科建设和学院规模的发展史，有过兴衰，也有过起落。学校的建筑物就像学院的科系，记载和刻录了学校的沧桑历史。

早在第一次世界大战期间，曾经有人向当时巴黎大学校长里阿尔提出修建大学城的计划，但是遗憾的是因为缺乏资金未能实现。大战结束之后，在企业家爱弥尔·德奇·德拉默尔特、校长保尔·阿佩尔和国民教育部长安德烈·奥洛拉大力促进下，提出了修建大学城的具体方案，德拉默尔特为此捐款1000万法郎。经过多方协商，该法令于1921年6月通过，由国家买下蒙苏里公园附近的9公顷土地，免费拨给巴黎大学。另外，巴黎市政府调出19公顷土地，租给巴黎大学。经过两年的筹备，1923年5月9日，大学城第一栋楼房——德奇·德拉默尔特楼，破土兴建，阿佩尔亲自奠基。1925年竣工，当年便开始投入使用。

为加速兴建大学城，巴黎大学理事会决定，向在大学城内修建公寓

走进科学的殿堂

的各国政府、社会团体免费提供土地，于是，一栋栋楼房拔地而起。到第二次世界大战前，建成的公寓有加拿大楼（1926年），阿根廷楼和国

往日重现

卢瓦尔景区城堡

立农学楼（1928年），日本楼（1929年），亚美尼亚楼和东南亚楼（1930年），瑞典楼和法－英学院（1931年），希腊楼，丹麦楼，瑞士楼和法国楼（1932年），西班牙楼（1935年），摩纳哥楼（1937年），荷兰楼（1938年）。1939年，由勒波迪夫人捐款，在大学城修建了一座罗马式的教堂，该教堂十分显眼。

"国际之家"是大学城一座庞大而重要的建筑，于1934年动工，并于1936年建成。它是按照法国著名的风景区卢瓦尔地区城堡的风格修建的。"国际之家"包括一个电影—剧场厅，一个接待厅，一个图书

36

馆，一个游泳池，各种"沙龙"和几个食堂。另外还有两个楼阁，一个用作大学城办公室，一个作门诊室。"国际之家"建成之后，大学城就基本上具备了学生共同生活所需的一切设施。

到1939年第二次世界大战前夕，大学城共建成19栋楼房，接纳来自52个国家的2000多名大学生。

第二次世界大战爆发以后，德军占领了巴黎，大学城被迫关闭，改作德军兵营和战地医院。1945年大战结束之后，大学城重新开放。自此以后，大学城不断发展和扩大，马里、墨西哥、突尼斯、挪威、柬埔寨、意大利、巴西、葡萄牙、伊朗、德国等国家，先后修建各国学生公寓。1963年，在大学城对面，又建起了一座巴黎大学国际医院。到20世纪70年代初，整个大学城共建楼房37栋，每年接纳上百个国家的五六千名学生。据大学城统计，1986年，共接待学生4772人，其中外国留学生3104人，法国学生1168人，分别占学生总数的65.05%和34.95%。

巴黎大学从中世纪的4个民族团，发展到20世纪大学城接纳五大洲成千上万的留学生，从昔日作为欧洲的国际学术中心，发展到今天成为世界各国高等学校和科研机构进行广泛的学术交流与科技合作的中心之一，其历程反映了巴黎大学贯彻全方位对外开放的办学方针的一个基本特点。在现代高等教育中，这一特点表现得尤为明显和重要。在今天，这又是世界上任何一所大学能够保持高水平、处于领先地位必不可少的重要条件。1978年，美国一个机构在统计世界各国水平最高、科研成果最多的50所大学中，巴黎大学就不愧为其中之一。

走进科学的殿堂

　　最近几年，巴黎大学在继续保持与欧美发达国家传统合作的同时，还进一步加强了同亚、非和拉美发展中国家的合作与交往，注意研究这些国家政治、经济、文化等各个方面的情况。此外，巴黎三大、七大、八大等校还设置了专门机构，开设有关课程和专题讲座。

往日重现

科技之路

第３４Ｈ

欧洲大学之母——巴黎大学

首位女性诺贝尔奖得主居里夫人

1902年，巴黎一个寒冷的夜，居里夫人给5岁的女儿伊伦洗完了澡，哄她睡着了，她亲了亲女儿的脸，然后蹑手蹑脚地下了楼。她拿起针线，想把已经给女儿缝了一半的围裙缝完，但又突然把它放下了，站起来准备去穿衣服。丈夫皮埃尔·居里看到妻子的举动，马上心领神会，他也起身忙穿上了衣服。夫妇俩一起步入漆黑的夜色中，寒冷使他们不由自主地加快了脚步，两人一起来到了那间破旧的棚屋。皮埃尔打开门，正要习惯性地伸手去开灯，但居里夫人突然急切地说："别开灯，瞧！"黑暗中，他们用了成吨的矿渣、经过几万次的提炼才取得的

居里夫人

科技之路

走进科学的殿堂

十分之一克纯镭正发出柔和的蓝光,眼前的光真是太美了!

夫妇俩摸索着走到凳子前坐下来,他们紧紧地依偎在一起,也不说话,此刻,时间已经仿佛凝固了。他们深情地久久地凝视着这美丽的蓝光,这是他们奋斗了近1400个日日夜夜换来的心血和智慧的结晶啊!如今,一切的辛劳、一切的努力都没有白费,都得到了回报他们从来没觉得生命像此刻这么充实过。人类历史上一个崭新的时代——原子时代就在这样一个平常的夜晚来临了,这是一个永远值得纪念的夜晚。

小荷已露尖尖角

1867年,居里夫人出生于波兰华沙的一个教师家庭。原名叫玛丽·斯可多夫斯卡。父亲在华沙一所公立大学预科学校担任科学和物理教师,母亲则担任一所学校的校长,但是玛丽的母亲在玛丽刚1岁的时候就因疾病以及要照顾5个孩子就辞去了工作。由于父母都是教师,这样的家庭环境给玛丽和她的兄弟姐妹们接受更加良好的教育提供了十分便利的条件。

玛丽从小就有很强的好奇心和求知欲,并且记忆力超人。在她刚刚4岁的时候,她就爱凑在念书的哥哥姐姐身边好奇地观看。7岁的二姐布罗妮雅觉得妹妹很好玩,就用纸板剪的字母拼成字教妹妹读写,没想到,小玛丽学得还真快,她不仅学会了字母和拼读,而且还很快就能阅读姐姐的课本了。

有一天,父母让布罗妮雅念念刚学过的课文,还没读熟的布罗妮雅念得字不成句结结巴巴的,这个时候,站在一旁的小玛丽突然将姐姐手里的书拿了过来，流利地将整篇课文念了下来。眼前的这个小玛丽让父母大吃一惊，他们怎么也没想到还没被教过年仅4岁的小玛丽读书识字，她如今却已经如此精进了。父母意识到了小女儿的超常能力，从此对她各个方面的兴趣都格外关注。

不久，父亲就注意到小玛丽的一个特殊兴趣：她总爱踮起稚嫩的脚尖、伸长脖子往他书房中的架子上看（那上面有父亲教课用的一些瓶瓶罐罐和仪器），但看完后却并不向父亲提问什么。

父亲猜想玛丽的小脑袋瓜一定是想通过自己的努力寻找答案，这些瓶瓶罐罐为什么要放在书架上而不像别的瓶瓶罐罐那样摆到厨房去呢？那个怪模怪样的东西又是什么？但这些东西显然有点超出了她的想象能力。

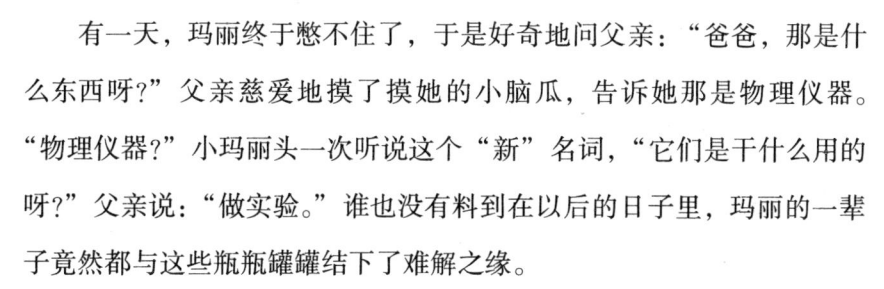

有一天，玛丽终于憋不住了，于是好奇地问父亲："爸爸，那是什么东西呀？"父亲慈爱地摸了摸她的小脑瓜，告诉她那是物理仪器。"物理仪器？"小玛丽头一次听说这个"新"名词，"它们是干什么用的呀？"父亲说："做实验。"谁也没有料到在以后的日子里，玛丽的一辈子竟然都与这些瓶瓶罐罐结下了难解之缘。

忍辱负重

玛丽6岁那年，发生了两件大事。

一件是父亲由于不肯顺从地做沙皇的臣民，被解除了教职、减薪，并收回了住房，这使玛丽一家的生活陡然陷入了困境。为了克服困难，父亲在家收了几个寄宿生，从此家无宁日。不过，这倒使得玛丽练就了

走进科学的殿堂

科技之路

一身在嘈杂的环境中专心致志看书的过硬本领。玛丽的姐姐和几个寄宿生曾经就玛丽的专心问题做过一次"试验",她们在正埋头看书的玛丽身旁又唱又跳又叫,但玛丽却像聋了似的没有任何反应,仍旧看她的书,于是姐姐们又在她身旁架起了一堆凳子,只要玛丽稍微动一下,凳子就会倒塌,但是专心看书的玛丽对她们的行为竟完全没有感觉。当她终于看累了从座位上站起来想走走的时候,周围的凳子轰然倒塌,有一张还砸到她的胳膊上。大家以为她一定会很生气,没想到玛丽揉了揉被砸疼的胳膊,说了句:"没劲!"于是就换个地方看书去了。看来,玛丽惊人的记忆力和超越常人的智力,实际上与她学习的绝对专心是有很密切的关系的,她无论干什么事情都专心致志。这为她日后的成功打下了坚实的基础。

做实验的居里夫人

另一件事是玛丽的入学,虽然她在全班里年纪和个子都最小,但她却是成绩最为优秀的一个。可她的优秀并没有给她带来太多的快乐,反倒还给她增添了很多烦恼。由于她的突出,老师很以她为荣,因此每逢有人前来参观,都让她回答问题。小玛丽从小就不喜欢抛头露面,即便是成年之后也是如此,她是属于那种心甘情愿不求名不求利默默奉献的人。但所有的困窘都比不上一次痛苦的经历。那一次经历让她刻骨铭心、终身难忘。

沙皇俄国当时对波兰实行的是残酷的"三光"政策：语言光、历史光、波兰光。他们不准老师用波兰语讲课，不准讲授波兰的历史和文化，企图让波兰人忘掉过去，永远地从属于自己。在小玛丽所属的学校中，一位教师出于爱国热忱，经常偷偷地用波兰语给学生讲课。假如突然响起了两长两短的警铃声，那就意味着，沙皇的督学马上就要来检查了。这是事先和看门人约好的信号，听到警铃后，学生们赶紧将波兰语的书本藏起来，在桌上摆上针线，装作在上手工课。有一次，沙皇的督学突击检查，老师和学生们刚刚准备完毕，督学就走进了教室。他们用怀疑的目光四下里搜索，又掀开桌盖看了看，竟然没有找到任何破绽。但是督学并不想就此罢休，他让老师叫一名学生到讲台前背诵一下祈祷文。听到这一命令，玛丽的心里咯噔一下，她知道自己很难幸免。果然，老师点了她的名，她无可奈何地走上讲台，用流利的俄文熟练地背诵了那篇祈祷文，其实这个对她来说并不难。

"按顺序说出自撒林二世以来，统治神圣的俄罗斯的沙皇！"督学紧逼道。

玛丽答得准确无误……最后，督学还不死心，问道："谁统治我们？"

听到这个问题，台上台下的空气骤然紧张，老师和同学都揪心地盯着玛丽。人人心里都明白：如果玛丽答得稍有差错的话，那么一场灭顶之灾马上就会来临，不仅是玛丽自己，就连老师、同学，还有家人都得一起遭灾。督学的这一招真是太狠毒了，玛丽别无选择，她只能回答："亚历山大二世陛下，所有俄国人的沙皇。"

督学终于走了，教师感激地吻了一下玛丽的额头。玛丽的眼泪夺眶

而出，再也没有比这更屈辱的事情了！

这件事对玛丽幼小的心灵是一个不小的伤害，但她把痛苦埋在了自己的心底，开始拼命地学习。因为只有在学习中，才能找到真正的快乐，也才能让她暂时忘掉过去的屈辱。在学习过程中，她开始逐渐坚信，她将来一定可以为她多难的祖国作出自己的贡献。

艰难求学路

1883年6月12日，玛丽以非常优异的成绩从中学毕业，她还获得了金质奖章。这是一件值得高兴的事，但玛丽却怎么也高兴不起来，因为在殖民统治下的波兰，女子中学毕业后就不可以继续接受高等教育了，前面她已经没有路可走了，所有大学的校门对她们都是关着的。当然，如果有钱的话，可以到国外去继续读大学，但是对于贫穷的玛丽一家人来说，这只是一个美好的愿望罢了。前途的堵塞，使一直渴望上大学的玛丽心情整日处于灰暗忧伤之中。

看着女儿一天天的沮丧，父亲的心如刀割一般，他知道女儿的志向，但他微薄的薪水无论如何也支付不起这笔出国学习的费用。为了让女儿重新振作起来，他拿出了本就不多的一笔积蓄，把女儿送到了乡下亲戚家。临别前，父亲对她说："好好休息，尽情享受生活，然后蹦蹦跳跳地回来。"

在远离市区的乡下，没有沙皇的监视，没有学习和生活的压力，也没有嘈杂的一切。空气清新，呼吸畅快，生活自由而舒适，这是她有生以来度过的最愉快的一段时光，也是她一生中度过的最轻松的一年。后来，每当有什么不顺心或工作太累的时候，她都会重返大自然，在大自然广袤静谧的怀抱中彻底地放松自己，并从中获取新的力量，然后重新回到自己的研究中。换句话说，也正是大自然给了她无限充足的精力和返回工作中的莫大勇气。

1884年9月，玛丽终于告别了那段在她一生当中感觉到最为幸福的时光，重新回到华沙，以给别人当家庭教师来赚钱谋生。但求知的愿望却始终没有消除，因为不能上大学，所以她就和其他一些同样渴望求知的中学毕业女生一起组成了一所"流动大学"：她们定期聚会，在私人家中用波兰语互相传授知识，传阅书籍，并走出家门，把她们的知识带给贫穷的人们。玛丽在1924年写的一封书信中曾说："在'流动大学'时，大家在交往和学术上都保持着同志般友好的情谊，对当时的和谐气氛我记忆犹新。那些处事的方式或许并不成熟，得到的结果可能也不太合乎情理。但我坚信，只有那些观念才能指导我们去促进社会进步。倘若不把个人素质提高的话，我们用什么建造一个更加美好的世界呢？从这方面进一步讲，我们每个人都必须尽自己最大能力的发挥潜能，与此同时承担对整个人类应负的责任。我们每个人的最大的责任就是去帮助那些需要我们帮助，并能从我们这里获取最大利益的那些人。"

流动大学是严重违抗沙皇统治的行为，被他们发现是要以杀头罪处理的。所以他们每次聚会都谨慎而小心，以防计划败露。但每一次聚会都让人激动万分，在互相学习、互相帮助的过程中，玛丽的心中涌动出一个大胆的计划。她对同样渴望上大学的二姐说："我们联合起来，彼此支持，这样的话我们先后就都有机会成功，如果各自奋斗，恐怕谁也无法实现自己的理想。"

走进科学的殿堂

从此以后,上大学成了姐妹俩树立的一个坚定不移的奋斗目标,并且她们不断地朝这个目标努力。过了一段时间,赚的钱已经够一个人上大学了,玛丽把这机会让给了姐姐,却把漫长的等待留给了自己。为了多赚点钱,她只身到乡下当了家庭教师,她把赚来的钱大部分寄给了在巴黎的姐姐,仅仅留下一小部分供自己用。多少个夜晚,当她拖着疲惫的身躯打开书本开始缓慢艰难的自学时,她都会感到一种绝望,不知道这种漫长的等待什么时候才是个尽头。但在每个清晨,当夜幕散去,阳光普照的时候,在她的心底又会点燃起新的希望之源。

就在绝望与希望不断轮流交替的时候,她父亲所从事的学科——物理学渐渐引起了她的兴趣,她的心被迷住了。当她结束了在乡下的3年合同返回华沙时,一个意想不到的惊喜在等着她:她的表哥约瑟·柏古斯基担任了"工农业博物馆"的负责人,这个博物馆其实是波兰的一所秘密学校,在这所秘密学校,有一个小型的科学实验室,里面拥有玛丽所需要的一切设备。这个惊人的消息简直让玛丽激动不已,她把她所有可能余下的空闲时间都用在这个实验室。这些早期的科学尝试巩固了她在自学过程中对物理所产生的强烈热情,也为她日后的成功奠定了坚实的基础。

1890年春,已经临近毕业的姐姐开始帮助妹妹,希望妹妹也能进入大学的校门。但经费仍不够的玛丽又在家乡逗留了一年多。1891年9月,中学毕业8年、当家庭教师也已6年的玛丽终于搭上通往巴黎的火车,通向实现她多年的梦想的道路。她靠自己执著的追求与顽强的意志把看似极为渺茫的事变成了现实,最终为自己的成功争取到了机会。

但是,她却一去之后,再也没有回来,再也没有回到她想为之贡献

的祖国。因为她在巴黎遇到了皮埃尔。一方是自由的国度，她能在这儿从事自己喜欢的研究事业，而且这儿还有她深爱的皮埃尔；另一方是多灾多难、仍在沙皇占领和蹂躏之中的祖国，在那儿她肯定不能很好地继续从事她希望的研究事业，至少在短期内是如此。这种艰难的抉择整整折磨了她一年，最后她还是选择了事业和家庭，留在了一个自由的国度，但她内心对祖国的深爱从来没有因此减弱过。1898年，她把自己最先发现的新元素命名为"钋"，以此表示对祖国波兰的纪念。

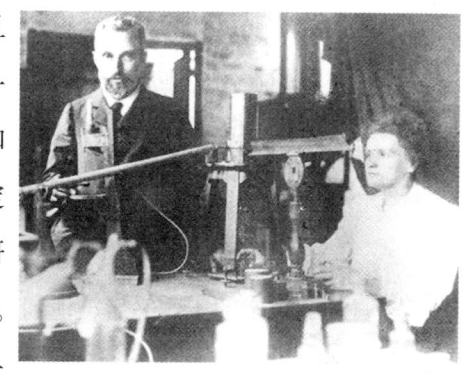

皮埃尔与居里夫人一起在实验室做研究

着手研究放射元素

与皮埃尔结婚以后，她就开始寻找博士研究课题。她被安托万－亨利·贝克勒尔的铀放射出X射线这一发现所振奋，决定对这一放射现象进行进一步的研究，放射性就是她所提出的一个术语。在放出射线的铀和钍旁边没有找到其他的元素，她开始更仔细地观察沥青铀矿，即从中获得铀的矿。居里夫人发现了一种奇怪的现象：沥青铀矿包含的主射线超过了它所包含的铀和钍所能解释的量。

这一观察结果使居里夫人得出了这样的结论：沥青铀矿一定包含了一种新的前所未知的元素，该元素虽然含量极少，但是比铀的放射性要强得多。她专心于对这一元素的研究。比埃尔也放下了自己的研究工作来帮助她。物理化学学院的院子中有一间没有暖气、顶棚漏雨、摇摇欲坠的棚屋，他们在这间棚屋中开始着手处理数以吨计的沥青铀矿。

辉煌的人生

经过几年艰辛的工作之后，他们成功地识别出两个新的元素：钋和镭。1902年，他们终于分离出了0.1克的纯镭。1903年，玛丽把这项研究作为取得博士学位的论文提了出来。那一年，居里夫妇由于镭的发现而获得了诺贝尔物理学奖的殊荣。

居里夫妇终于获得了当之无愧的国际承认。使大家感到十分惊愕的是，他们继续研究，拒绝办理专利手续，拒绝提出支付特许使用费的要求，把知识财产无偿地贡献给世界。

1906年，皮埃尔在巴黎街头一次事故中丧生，玛丽十分悲痛，她只是以继续进行研究工作来表示对丈夫的纪念。她受聘担任了原来为皮埃尔设立的物理系教授，成为巴黎大学第一位执教的女性。1911年，玛丽·居里由于发现了钋和镭而被授予诺贝尔化学奖。

在第一次世界大战期间，居里利用私人捐助为救护车配备了便携式X射线机，并亲自将这些机器送到前线。在女儿伊伦娜的帮助下，她为医生们创办了速成班，教他们学会在人体中寻找异物的新方法。1918年，镭研究所创立，玛丽·居里担任所长直到她病到不能继续工作为止。她最后因白血病而离开了人世。

居里夫人是欧洲第一个荣获博士学位的女性，是巴黎大学讲台上的

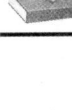

第一位女教授。她既是全世界第一个获诺贝尔奖的女性，也是全世界第一个两次获诺贝尔奖的人。她一生的奋斗事迹不知感动了多少人，她的名字已经成为顽强的毅力和坚定不移的精神的象征，激励了近一个世纪的有志于科学事业的年轻人像她那样去拼搏、去奋斗。她无疑是人类历史上最伟大的女性之一。她把自己的一生都贡献给了伟大的科学事业。

1934年7月14日，居里夫人因长期受放射性物质的伤害患恶性贫血，在法国阿尔卑斯山疗养院逝世，享年67岁。

走进科学的殿堂

化学之父拉瓦锡

科技之路

　　法国化学家拉瓦锡进行的化学革命被公推为 18 世纪科学发展史上最辉煌的成就之一。在这场革命中，他以雄辩的实验事实为依据，推翻了统治化学理论长达百年之久的燃素说，建立了以氧为中心的燃烧理论。针对当时化学物质的命名呈现一派混乱不堪的状况，拉瓦锡与他人合作制定出化学物质命名原则，并且创立了化学物质分类的新体系。根据化学实验的经验，拉瓦锡用清晰的语言阐明了质量守恒定律及其在化学中的运用。这些工作，特别是他所提出的新观念、新理论、新思想，为近代化学的发展奠定了十分重要的基础。因此后人把拉瓦锡

拉瓦锡

尊称为"化学之父"。

1743年8月26日，安东·尼罗朗·拉瓦锡出生于巴黎一个富裕的律师家庭，他的父亲是控制着巴黎国会的400个律师之一。5岁那年他母亲因病去世，从此他在姨母的照料下生活。到了11岁时，他进入当时巴黎的名牌学校——马沙兰学校。

1764年，拉瓦锡毕业于巴黎大学法学系，获得了法学硕士学位，并取得律师的资格。他的家庭打算让他继承父业成为一个开业律师。然而在大学里他已对自然科学却产生了十分浓厚的兴趣，主动地拜一些著名学者为师，学习数学、天文、植物学、地质矿物学和化学。从20岁开始，他坚持每天作气象观测，假期的时候还跟随地质学家格塔尔到各地作地质考察旅行。他最初发表的关于石膏组成和凝固的论文就是在地质调查之中写成的。1765年，法国科学院以重奖征集一种使路灯既明亮又经济的设计方案，22岁的拉瓦锡勇敢地参加了竞赛。他的设计虽然没有获奖金，但是被评为优秀方案，荣获国王颁发的金质奖章。这项活动给崭露头角的拉瓦锡带来了很大的鼓舞，使他更加热情地投入科学研究的事业中，同时他的科研才华也开始得到了科学界的注目。因为拉瓦锡具备了无需为生活来源而忧虑的优越科研条件，所以他接连不断地获得了一项项科研成果。

1768年他被任命为法国皇家科学院的副会员。1778年成为有表决权的18名正式会员之一。1785年他担任了科学院的秘书长，实际上成为科学院的负责人。

拉瓦锡成为科学院的成员之后，科学研究愈发成为他生活的重要内容。从1778年起，他逐个地取得了化学研究上的重大突破，步入化学

走进科学的殿堂

家的行列。他才华洋溢，精力充沛，逐渐成为科学界乃至政界的一位新星。

1768年，拉瓦锡选择的一个研究课题是验证水是否能变成土。在当时，许多人都相信水能变成土。亚里士多德的"四元素说"中就有水土互变的提法，拉瓦锡对这一观点表示怀疑，因此他设计了一个验证对此进行实验。他采用一种欧洲炼金术中使用过的很特别的蒸馏器。这种蒸馏器能使蒸馏物被反复蒸馏。实验后，他首先称了总重量，发现总重量与加热前相比没有变化。他又分别对水、沉淀物、蒸馏器进行称

亚里士多德

量，结果是水的重量没变，沉淀物的重量恰好等于蒸馏器所减少的重量。根据这一实验结果拉瓦锡著写论文驳斥了水转化为土的谬说。瑞典化学家舍勒也对这沉淀物进行了分析，证明它的确来自玻璃蒸馏器本身。

1772年9月，拉瓦锡开始对燃烧现象进行研究。在这以前，波义耳曾对几种金属进行过煅烧实验，他认为金属在煅烧后的重量增加是因为存在火微粒，在燃烧中，火微粒穿过器壁而与金属相结合。金属＋火微粒→金属灰。

1702年，德国化学家斯塔尔也进行了类似的实验。他认为金属在

煅烧中放出了燃素，即：金属＋燃素→金属灰。

斯塔尔将有关燃素的观点系统化，并以此来解释当时已知的化学现象。由于燃素说的解释比过去的解释较为合理，很快被化学家所接受，成为18世纪占统治地位的化学理论。尽管一些实验研究的进展已经披露了燃素说与实验事实的矛盾，但多数化学家还是设法将这一矛盾进行调和，以维护燃素说。拉瓦锡正是在研究了化学史的概况和前辈化学家的工作之后，才发现了这一矛盾，并决心解决这一矛盾。

首先他对磷、硫等易燃物的燃烧进行观察和测定，通过实验他发现磷、硫在燃烧中能够增重是由于吸收了空气。于是他想到，金属在燃烧中增重是否属于同一原因？1774年，他重做了波义耳关于煅烧金属的实验。他将已知重量的锡放入曲颈瓶中，密封后称其总重量。然后经过充分加热使锡灰化。等到冷却后，称其总重量，确认其总重量没有变化。尔后在曲颈瓶上穿一小孔，发现瓶外空气带着响声冲进瓶内，再称其总重量和金属灰的重量，发现总重量增加的数值恰好等于锡变成锡灰后的增重量。拉瓦锡又对铅、铁等金属进行了同样的煅烧实验，得到相同的结论。由此拉瓦锡认为燃烧金属的增重是金属与空气的一部分相结合的结果，否定了波义耳的火微粒之说，对燃素说也提出了质疑。那么，与金属相结合的空气成分又是什么呢？当时人们还不了解空气具有两种以上的组分，拉瓦锡对此也无从推断。

普利斯特列

1774年10月，英国化学家普利斯特列访问巴黎。在拉瓦锡举行的欢邀宴会上，普利斯特列告诉拉瓦锡，在3个月前，他曾在加热水银灰的实验中发现一种具有显著助燃作用的气体。这信息给拉瓦锡带来很好的启示，他立即着手汞灰的合成和分解。实验事实使拉瓦锡确信，煅烧中与金属相结合的决不是火微粒或燃素，而可能是最纯净的空气。1775年末，普利斯特列发表了关于氧元素（他命名为脱燃素空气）的论文后，拉瓦锡恍然大悟，原来这种特殊物质是一种新的气体元素。之后，他对这种新的气体元素的性质进行了认真的考察，确认这种元素除了助燃、助呼吸外，还能与许多非金属物质相结合生成各种酸，为此他把这种元素命名为酸素，现在氧元素的化学符号O就是来源于希腊文酸素：oxygene。对氧气作系统研究后，拉瓦锡明确指出：空气本身不是元素，而是混合物，它主要由氧气和氮气组成。1778年，他进而提出，燃烧过程在任何情况下，都是可燃物质与氧的化合，可燃物质在燃烧过程中吸收了氧而重量增加。所谓的燃素实际上是不存在的。拉瓦锡关于燃烧的氧化学说终于使人们认清了燃烧的本质，并从此取代了燃素学说，统一地解释了许多化学反应的实验事实，为化学发展奠定了非常重要的基础。

长期以来，水也被人们看作是一种元素。在氧元素被确认之后的1781年，英国化学家卡文迪许在氢气与普通空气或氧气的混合气中通电、发生火花时，会有水珠生成，这一实验证明水也是一种化合物。但是由于卡文迪许仍旧信仰燃素说，因此对这一实验结果不能作出清晰的解释。卡文迪许的助手布拉格登于1783年6月访问巴黎的时候，将这一实验告诉了拉瓦锡。拉瓦锡当即进行了跟踪实验，不仅合成了水，同

时还将水分解为氧气和氢气，该实验再次确认了水的组成，并且用氧化理论给以准确的说明。

运用氧化理论，拉瓦锡弄清了碳酸气就是碳与氧元素的化合物。他又根据酒精一类有机化合物在燃烧中大都生成碳酸气和水的事实，建立了有机化合物的分析法，将有机物在一定体积的空气和氧气中燃烧，用苛性碱溶液来吸收其产生的碳酸气，再从残留物中计算出生成的水量，由此确定有机化合物中所含的碳、氢、氧三种元素的比例数。

根据氧化理论，1777年拉瓦锡发表了一篇论文，其中指出动物呼吸是吸入氧气，呼出碳酸气。他与法国科学家拉普拉斯合作，于1782年设计了冰的热量计，用来测定了一些物质的比热和潜热。同时也证明动物的呼吸实际上也属于一种燃烧现象。

拉瓦锡的氧化学说是对燃素说的否定。他关于水的组成、空气的组成等一系列实验成果是对亚里士多德四元素说的批判。1785年，为了与新的理论相适应，拉瓦锡和他的同行戴莫维、贝托雷、佛克罗伊合作编写了《化学命名法》一书。这本专著强调指出每种物质必须有一个固定名称，单质命名尽可能表达出它的特性，化合物的命名尽可能反映出它的组成。据此，他们建议对过去被称为金属灰的物质应依据它的组成命名为金属氧化物；酸、碱物质使用它们所含的元素来命名；盐类则用构成它们的酸和碱来命名。这样的话，汞灰应该称为氧化汞，矾油应叫作硫酸等等，这种命名奠定了现代化学术语命名的基础。当今所用的化学术语中，大部分都是依据这一命名法而来的。

拉瓦锡的化学研究有一个重要的特点，他总是有意识地把质量不变的规律作为他思维推理的前提。拉瓦锡在1789年出版的《化学纲要》

走进科学的殿堂

中对这种质量守恒的思想作了清楚的阐述,这是他对近代化学发展的又一突出的贡献。在《化学纲要》这部名著中,拉瓦锡对他在化学研究中所获得的初中经验做了总结,对波义耳提出的元素概念做了进一步的发展,提出元素是化学分析到达的终点,即在当时用任何化学手段都不能分解的物质可称为元素。据此他还列出了一张包括33种元素的分类表。现在看来,虽然这张表存在一些错误,但是世界公认的无素分类表,这是第一张真正的化学元素表。

就在拉瓦锡在科学研究上取得一个又一个的重要进展的时候,1789年法国爆发了资产阶级的大革命。拉瓦锡虽然主张君主立宪制,但是他还是积极参与统一度量衡的改革工作。统一度量衡是法国大革命的重要成果。随着革命的主导权由大资产阶级转移到小资产阶级的代表人物手中,阶级的对抗变得更为激烈,包括拉瓦锡在内的60人组成的征税承包商集团成为革命的对象。这种征税承包业加重了对平民百姓的盘剥,很自然地成为革命中的众矢之的。拉瓦锡的家庭经济状况完全可以维持其从事科研的生活,但是拉瓦锡妄图发财,几乎在他投身科学研究的同时,于1768年加入了包税商集团。从此赚钱的买卖花费了他不少精力。他万万没有料到,这一问题却给他招来了灭顶之灾。1793年,革命政权逮捕了包括拉瓦锡在内的包税商,第二年以超过法定数4%的收入,谋取6%~10%的利润的罪行而被处以死刑。为了拯救法国最伟大的化学家的生命,一部分头脑清醒的人给法官递交了一份上诉书,列举了拉瓦锡对国家和科学所作的贡献,请求给他免罪。顽固而冷酷的法官只回复了简短的一句话:"共和国不需要这样的

人。"于是，1794年5月8日，拉瓦锡人头落地。一位杰出的科学家正当他事业兴旺之时，落得这样一个可悲的结局，当时和后来的许多人都对此深感惋惜。他生前的同事、法国大数学家拉格朗日惋惜地说："虽然可能100年都不会再出现那样的头脑，却在刹那间砍掉了。"面对冰冷血腥的断头台，拉瓦锡巨大的科学贡献也束手无策，无法挽救他的生命。

拉瓦锡虽然死了，但他对发展近代科学作出的突出贡献，后人并没有抹杀。长期以来，他的科学思想、科学方法一直成为人们学习和研究的内容，人们从中获得了不少启迪和教益。正如有人评论说：拉瓦锡既没有发现新物质，也没有提出新的实验项目，甚至没有创新或改进实验手段或方法，然而他却在重复前人的实验中，通过严格的合乎逻辑的步骤，阐明了所得结果的正确解释，因此他在化学发展上做出了不朽功绩。他的治学座右铭是："不靠猜想，而要根据事实。"他在研究中一直遵循一条原则："没有充分的实验根据，从不推导严格的定律"。这种尊重科学事实的思想使他能把前人所做的一切实验看作只是建议性质的，而不是教条，从而批判地继承了前人的工作成果，敢于对原有

笛卡尔

理论大胆地进行革命。

今天，在巴黎大学北大门的前大厅，正面屹立着古代神话诗人奥墨尔和希腊先哲阿基米得的两座高3米左右的雕像。在石雕像后面剧场的壁龛上，竖立着巴黎大学校史上具有世界影响的杰出人物笛卡儿、拉瓦锡等6人的全身塑像。

微生物学家巴斯德

巴斯德·路易斯（1822 – 1895年），法国微生物学家、化学家，近代微生物学的奠基人。就像牛顿开辟出经典力学一样，巴斯德开辟了微生物领域。他在微生物发酵和病原微生物方面的研究，奠定了工业微生物学和医学微生物学的基础，并且开创了微生物生理学。

1822年12月27日，巴斯德出生于法国东部汝拉省多尔镇的一个家境贫寒的工人家庭。他的父亲是拿破仑军队的一名退伍军人，以制革为业。

1847年，巴斯德在巴黎大学获得博士学位，毕业后从事化学研究。研究酒石酸盐的晶体，发现这些晶体并不完全相同，它们有隐蔽的不对称性，一些结晶是另一些结晶的

巴斯德

镜像，正如左手和右手之间的关系。他在晶体研究方面的成就，对立体化学起到了决定性的推动作用。后来，人们发现，巴斯德在采取制备结晶的方法时是非常幸运的，要得到分离的两种结晶，就必须采用一种特殊的方法，而巴斯德却完全出于偶然地采用了这种特殊方法，在他之后也很少有人能像他那样制出大块的不对称结晶来。这正如巴斯德所说："机遇偏爱有准备的头脑"。

巴斯德一举成名，他接到许多教授聘任书，并成为荣誉勋位团的成员。他虽然在化学方面功成名就，但使他彪炳史册的却是他在微生物学方面的巨大成就。

1851年1月，年轻的巴斯德来到巴黎大学，并在此任化学教授，并与巴黎大学校长的女儿玛丽结为伉俪。

巴斯德一生进行了多项探索性的研究，并且取得了重大成果，是19世纪最有成就的科学家之一。他用一生的精力证明了三个科学问题：

（1）每一种发酵作用都是由于一种微菌的发展。这位法国化学家发现用加热的方法可以杀灭那些让啤酒变苦的恼人的微生物。很快，"巴氏杀菌法"便应用在各种食物和饮料上。

（2）每一种传染病都是一种微菌在生物体内的发展。由于发现并根除了一种侵害蚕卵的细菌，巴斯德拯救了法国的丝绸工业。

（3）传染病的微菌，在特殊的培养之下可以减轻毒力，使他们从病菌变成防病的药苗。他意识到许多疾病都是由微生物引起的，于是建立起了细菌理论。

路易·巴斯德被世人称颂为"进入科学王国的最完美无缺的人"，他不但是个理论上的天才，而且还是个善于解决实际问题的人。他于

1843年发表的两篇论文——《双晶现象研究》和《结晶形态》,开创了对物质光学性质的研究。1856年至1860年,他提出了以微生物代谢活动为基础的发酵本质新理论。1857年发表的《关于乳酸发酵的记录》是微生物学界公认的经典论文。1880年后又成功地研制出鸡霍乱疫苗、狂犬病疫苗等多种疫苗,其理论和免疫法引起了医学实践的重大变革。除此以外,巴斯德还成功地挽救了法国处于困境中的酿酒业、养蚕业和畜牧业。

巴斯德被认为是医学史上最重要的杰出人物。巴斯德的贡献涉及多个学科领域,但他的声誉则集中在保卫、支持病菌论及发展疫苗接种以防疾病方面。

巴斯德并不是病菌的最早发现者。在他之前已经有基鲁拉、包亨利等人提出过类似的假想。但是,巴斯德不仅热情勇敢地提出关于病菌的理论,而且通过大量实验,证明了其理论的正确性,令科学界信服,这是他的主要贡献。

病因实际上在于细菌,那么只有防止细菌进入人体才能避免得病。所以,巴斯德强调医生要使用消毒法。向世界提出在手术中使用消毒法的约瑟夫·辛斯特便是受到巴斯德的影响。有毒细菌是通过食物、饮料进入人体的。巴斯德发展了在饮料中杀菌的方法,之后把这种方法称做巴氏消毒法(加热灭菌)。

巴斯特在50岁的时候将注意力集中到恶性痈疽上。那是一种危害牲畜及其他动物,包括人在内的传染病。巴斯德证明其病因实际上在于一种特殊细菌。他使用减毒的恶性痈疽杆状菌为牲口注射。

1881年,巴斯德改进了减轻病原微生物毒力的方法。他观察发现曾经患过某种传染病并得到痊愈的动物，以后对该病有免疫力。据此用减毒的炭疽、鸡霍乱病原菌分别免疫绵羊和鸡，获得成功。这个方法在很大程度上激发了科学家的热情。从此人们知道利用这种方法可以免除许多传染病。

1882年，巴斯德被选为法兰西学院院士。同年开始研究狂犬病，证明病原体存在于患兽唾液及神经系统中，并制成减毒活疫苗，成功地帮助人体获得了该病的免疫力。根据提到的巴斯德免疫法，医学科学家们创造了防止若干种危险病的疫苗，成功地免除了斑疹伤寒、小儿麻痹等疾病的威胁。

一提到狂犬病，人们自然会想到巴斯德那段脍炙人口的故事。在细菌学说占统治地位的年代，巴斯德并不知道狂犬病是一种病毒病，但是从科学实践中他知道有侵染性的物质经过反复传代和干燥，会减少其毒性。他将含有病原的狂犬病的延髓提取液多次注射兔子之后，再将这些减毒的液体注射狗，以后狗就能抵抗正常强度的狂犬病毒的侵染。1885年人们把一个被疯狗咬得很厉害的9岁男孩送到巴斯德那里请求抢救，巴斯德犹豫了一会儿后，就给这个孩子注射了毒性减到很低的上述提取液，然后再逐渐用毒性较强的提取液注射。巴斯德的想法是希望在狂犬病的潜伏期过去之前，使他能够产生抵抗力。结果巴斯德成功了，孩子得救了。在1886年还救活了另一位在抢救被疯狗袭击的同伴时被严重咬伤的15岁牧童朱皮叶。现在记述着少年的见义勇为和巴斯德丰功伟绩的雕塑就坐落在巴黎巴斯德研究所外。1889年，巴斯德1889年发明了狂犬病疫苗，他还指出这种病原物是某种可以通过细菌滤器的"过滤性的超微生物"。

巴斯德本人最为著名的成就是发展的这项对人进行预防接种的技术。根据巴斯德的基本思想，其他科学家先后发展出抵御许多种严重疾病的疫苗，如预防斑疹伤寒和脊髓灰质炎等疾病。

正是巴斯德进行了比别人多得多的实验，所以能够令人信服地说明微生物的产生过程。巴斯德还发现了厌氧生活现象，也就是说某些微生物可以在缺少空气或氧气的环境中生存。巴斯德对蚕病的研究具有极大的经济价值。他还研制了一种用于抵御鸡霍乱的疫苗。

人们常将巴斯德同英国医生爱德华·琴纳进行比较。琴纳研发了一种抵御天花的疫苗，而巴斯德的方法可以并已经应用于防治很多种疾病。

"意志、工作、成功，是人生的三大要素。意志将为你打开事业的大门；工作是入室的路径；这条路径的尽头，有个成功来庆贺你努力的结果……只要有坚强的意志，通过努力地工作，必定有成功的那一天"，这是巴斯德关于成功的一段至理名言。

琴 纳

走进科学的殿堂

血液学专家让·杜塞

科技之路

众所周知，人的血型分为 A、B、O、AB 这 4 种类型，如果人因伤病需要输血时，除了被称为"万能供血者"的 O 型血外，输入血液的血型一定要与伤病员本人的血型相同，否则就会发生严重的输血反应，严重时甚至会危及人的生命。但是，有时伤病员在输入与自己相同血型的血液（如 A 型血的伤病员在输入他人的 A 型血）后，也是会发生输血反应的，而且在病人接受异体器官移植时也会发生类似的情况。原来人类除了 A、B、O、AB 这 4 种血型外，还有其他多种血型系统。在这些血型系统中，有一种叫作人类白细胞抗原系统（HLA），它是由法国科学家让·杜塞发现的。但是你是否知道，正是这位在血液学领域有重大贡献的科学家，在青少年时候见了血竟然会晕倒！

违背父愿

杜塞的父亲是一位出色的医生，他医术高明，拥有自己的医院，在同行和患者中颇有威望。父亲十分热爱自己的职业，非常希望自己的儿子们也能够学医，能够继承自己的事业。但是，杜塞的3个哥哥都不喜欢医生这个职业，先后成功地实现了"胜利大逃亡"。于是，父亲把最后的希望全部寄托在正在上高中的小儿子让·杜塞身上。父亲以不容商量的口吻吩咐儿子中学毕业之后报考医学院，并常常把小杜塞带到医院让他感受那种医学界的气氛，有空的时候教他一点医学常识。

但是，使父亲痛心疾首的是杜塞不但像他的哥哥们一样对医学没有什么兴趣，甚至可以说是有点讨厌医学。还在上小学的时候，杜塞卧室的窗户正对着一家医院的大门口，从窗户里他经常可以看到从医院门口开出的灵车和哭哭啼啼的送葬队伍，这使他对医院没有一丝好印象。他当时的理想首先是当个建筑工程师，其次是当飞机、汽车和火车的设计师。虽然父亲多次对他说干医生这行如何职业稳定、收入高、受人尊敬等等，但是杜塞就是对从医学一点也不感兴趣，而且他不愿意接受父亲为自己安排好的人生道路，他要根据自己的喜好选择未来的职业。面对严厉的父亲，杜塞即使不敢当面顶撞，但他的表情已经明白无误地表示了自己的态度：要让我学医，没门！

但父亲仍然不死心。一天，一群医学院的毕业生要来父亲所在的医院观摩实习，父亲吩咐年轻的住院医生埃迪带领实习生和杜塞一起观摩外科手术，他希望儿子能通过这次参观喜爱上医学。杜塞非常不情愿地穿起白大褂、戴上口罩，离手术台远远地站着。而好心的埃迪为了关照他，特意把他从人群后面拉到靠近手术台的地方。当手术医生用刀切开病人的腹部，那鲜红的内脏展现在众人眼前的时候，杜塞竟被这血淋淋的场面吓得晕了过去。父亲闻讯赶来，埃迪已把杜塞扶到旁边的房间里休息去了。父亲真是大失所望，而且那些年轻的大学毕业生们窃窃私语、暗自偷笑，这让父亲在众人面前很下不来台。当杜塞在埃迪的照料下苏醒过来，摇摇晃晃地走进父亲的办公室时，当过军人的父亲竟给了他两记响亮的耳光。这是他有生以来第一次打儿子，而且是寄予厚望的儿子。痛了儿子，苦了父亲，打在儿子的脸上，痛在父亲的心里。

通过这次观摩，杜塞不但更加讨厌医生的职业，而且与父亲的感情也疏远了。只要父亲出现，他尽可能躲开不出现，更不必说与父亲交流了。父亲不得不重新思考自己的教育方法。俗话说："强扭的瓜不甜。"父亲也明白：耳光不可能打出对医学的热爱，而且这很伤儿子的自尊心，反而使他对医学产生强烈的抵触情绪。必须换方式。他知道儿子是一个热爱科学、痴迷知识的孩子，他也坚信医学自身所具有的挽救魅力是会让儿子着迷的，但这需要循循善诱。更何况自己在儿子面前一贯是严厉和居高临下的，已经失去了与儿子平等交流的可能，看来最好去寻求别人的帮助了。

献身医学

正在父亲一筹莫展的时候，埃迪为他出了一个主意。埃迪是一个非常友善、风趣的年轻人，他热爱医学和探险旅游，并且能言善辩，善于和比自己年轻的人交流。他知道杜塞除了喜爱建筑和机械外，还十分热爱大自然。于是他向自己的上司建议：让自己带着杜塞进行一次长途野外旅行，在这过程中启发杜塞对医学逐渐产生兴趣。父亲接受了埃迪的建议。在随后那个暑假里，年轻的助手埃迪带着杜塞进行了一次不同寻常的旅行。他们划着一条小船，沿卢瓦尔河漂流。卢瓦尔河是法国最大

欧洲大学之母——巴黎大学

的河流之一，它的发源地是法国东南部俯瞰地中海的塞文山脉，湍急的河水在山峦间蜿蜒跌宕，向北流经中央高原后，变得宽阔舒展了，再由

卢瓦尔河

东向西横穿法国中部平原，最后流入大西洋。沿途埃迪和杜塞风餐露宿，经历了许多困难和险情，也欣赏了大自然的美丽风光。在那些夜晚里，在篝火旁，埃迪不但给杜塞讲了不少探险旅游的常识和轶闻趣事，还给他介绍了很多有趣的医学和生理知识，并向他讲述医药科学家们探索科学奥秘、获得重大发现、救死扶伤的动人故事，还讲到医生们当经过自己的努力为病人解除痛苦后所体验到的成就感与快乐，听完了这些故事后，杜塞若有所思。

埃迪比杜塞大不了几岁，像大哥哥一样处处关心和照顾杜塞。他懂得虽然非常多，但是丝毫没有居高临下和强加于人的态度，而是以一个

走进科学的殿堂

平等伙伴的身份与杜塞进行交流。并且埃迪语言诙谐幽默,讲起故事来绘声绘色栩栩如生,他与杜塞之间没有"代沟"。这使杜塞倍感亲切,渐渐地对医学事业产生了兴趣。"就是在这次旅行之后,我下了当医生的决心"。杜塞事后回忆说。

成为血液学专家

中学毕业之后,杜塞考进了巴黎大学医学院,这正好实现了父亲的愿望。中学时期的杜塞成绩平平,并不出众。但进入大学之后,学习成绩直线上升,这是由于他已经产生了强烈的求知欲。他和3个志趣相投的同学一起学习一起游玩,他们在暑假期间还自发地到学校去学习解剖学。这个时候,他对血的恐惧感已经一扫而光,只想更多、更快地掌握医学知识。在这个过程中,他特别对血液学发生了浓厚的兴趣,他很喜欢在显微镜下观察红细胞、白细胞等各种微小的血液成分。有时,观察起来,竟然忘记了吃饭。

就在杜塞开始在医学道路上迈进之时,父亲在一次交通事故中丧生了。这时,杜塞才开始逐渐体会到父亲那严厉的表情之下的一颗爱子之心。现在,只有化悲痛为力量,把父亲当成自己的榜样,努力学习,以此来告慰九泉之下的父亲。

在以后的学习和工作中,杜塞把毕生的精力都献给了医学事业。他深入研究血液学和免疫学,取得了累累硕果。他发现在人体血液中,除了人们所熟知的A、B、O、AB血型之外,在红血球、白血球和血小板的表面还存在着其他相类似的抗原抗体系统。这一发现的作用不仅仅是

在于预防输血反应，而且对于防止器官移植中所产生的异体排斥反应具有十分重大的意义，同时它为人类认识患有某些免疫性的、遗传性疾病的病因以及如何进行治疗提供了重要的理论依据和实践基础，为增进人类的健康作出了重大贡献。

获奖的背后

杜塞担任临床医生的时候，偶然发现接受过几次输血的患者其血清可以使人的白血球产生凝集反应。他把血清中可以使人的白血球产生凝集反应的物质命名为 Mac。此后，他又发现许多人血清中有类似的物质，不过对这些物质的异同还不是十分清楚。他认为，应该把这类物质看作是相互关联的一个系统，即人类白血球抗原 HLA。

另一方面，有位名叫斯内尔的博士做了一个实验。他使同一父母的白鼠相互交配，生出近亲品系的白鼠，然后在它们之间进行皮肤移植实验，结果发现了组织相容性抗原系统。此外，一位叫贝纳塞拉夫的博士也利用这种近亲繁殖的白鼠，发现了掌管免疫应答的基因群，证明了这个基因群与主要组织相容性抗原基因有一定的关系。

杜塞发现，无管是凝集人类白血球的血清成分，还是斯内尔利用皮肤移植发现的组织相容性抗原，以及贝纳塞拉夫发现的免疫应答基因的产物，它们都是主要组织相容性抗原。也正是因此，1980 年的时候 3 人共获诺贝尔生理学医学奖。

杜塞为什么能发现人类白血球抗原并且获诺贝尔奖呢？

杜塞确实只是偶然发现了患者血清可以使人类白血球发生凝集现象

走进科学的殿堂

的。接受过数次输血的患者肯定经常生病看病，因此其他医生也很有可能发现这种现象。然而，只有杜塞找出了原因。他一找到原因便作了报告，此后，其他医生也陆续找到了原因。说到发现，无论是正在探索的人，还是缺乏思想准备的人，发现对他们来说，都是意外的惊喜，同时又让人有一种"忽如一夜春风来"的感觉。

和平卫士

1938年，杜塞从巴黎大学医学院毕业，之后，在巴黎的一所医院作儿科实习医师。就在这个时候，战争的阴云逼近了法国。尽管以法国共产党为核心的人民阵线在呼吁警惕战争的危险，反对德国法西斯的侵略野心，但以达拉弟为总理的法国政府与英国张伯伦政府一同对希特勒采取了姑息纵容的所谓"绥靖"政策，企图将法西斯祸水引向东方的苏联，以牺牲他人的利益换取自己的安宁。1938年9月，达拉弟、张伯伦和希特勒、墨索里尼签订了将捷克斯洛伐克的苏台德地区割让给德国的"慕尼黑协定"，这一切使杜塞看清了资产阶级上层人物虚

墨索里尼

伪卑鄙的嘴脸，于是，他坚定地站在了人民阵线一边。

1939年9月，纳粹德国入侵波兰，第二次世界大战在欧洲全面爆发。杜塞应征参军，从事医疗救护工作。在战争的第一年里，法国和英国虽然向德国宣战了，但上百万军队蹲在法德边境的"马其诺防线"上，坐视德国军队占领了波兰，却不放一枪。而这个时候，德国的大部分军队正在东部的波兰战线上作战，西部的法德边境上只有少量担任牵制任务的德军。英、法军队的统帅丢掉了给纳粹德国致命一击的机会，后来他们为此付出了沉重的代价。杜塞随医疗队先后驻扎在雷恩和奥登等地，他虽然满怀保卫和平、与法西斯决一死战的信念，但却无所事事。

1940年的5月，结束了东线战事的德国军队，掉转头来出其不意地入侵比利时，绕过"马其诺防线"向法国大举进攻，打得英、法军队措手不及。杜塞所在的部队来到靠近比利时的凡尔登，仓促抵抗德军。在战斗中，杜塞在医学院时的老师，与他同在一个医疗队的米耶尔教授被炸死在战壕里。看着老师血肉模糊的遗体，杜塞深深地感受到了战争的残酷。

此后便是大溃退。由于当权者的无能，使号称世界上最强大的法国陆军竟然如此不堪一击，杜塞等一批热血青年空怀报国之志，却无能为力。在后撤途中，杜塞从收音机中听到了戴高乐将军从英国伦敦发表的广播讲话，号召法国人民与他共同抵抗德国法西斯。杜塞和几个年轻人打算到英国去参加戴高乐将军领导的"自由法兰西运动"，指挥官威胁他们要以逃兵罪处罚他们，但他们还是毅然、决然地脱离了法国军队。

1940年6月16日，当杜塞和同伴们骑着摩托车前往法国西部海岸

走进科学的殿堂

的半路上，从收音机中听到了新任法国政府总理、陆军元帅贝当宣读的投降书，年轻人们禁不住泪流满面。这一天成为杜塞一生中最黑暗的一天。由于德军已经占领了通往英国的各个港口，杜塞只好回了巴黎。

这个时候，巴黎已被德军占领。杜塞在圣-路易医院任实习医生，他为许多犹太人开出了大量疾病证明书，想帮助逃避纳粹的搜捕，但这显然是没有任何用处的。杜塞既无奈又难过，因为这些遭受厄运的犹太人中有许多是他的朋友。法国共产党领导的人民阵线转入了地下，组织游击队打击法西斯。但是，每当抵抗运动杀死一名德国兵，德军就以枪杀10名无辜的法国平民来表示对法国人民的报复。杜塞再也不想在法西斯的血腥统治下过这种屈辱而又无能为力的生活了，所以当有人为法国在海外殖民地驻军招募外科医生时，他毅然地报了名。

杜塞来到了法国在北非的殖民地摩洛哥。这里的法国军队当美军在摩洛哥登陆后，投向了自由法兰西运动，参加了反法西斯盟军的行列，并开往阿尔及利亚和突尼斯，与德国和意大利军队作战。在战地救护过程中，杜塞担负了为重伤员进行输血的工作。

摩洛哥一景

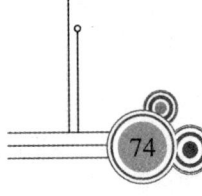

政 界 名 人

联合国秘书长加利

1991年是"世界总理"换届选举的日子。71岁的已连任两届联合国秘书长的哈维尔·佩雷斯·德奎利亚尔行将结束第五任联合国秘书长的职责。1月6日，从联合国秘书处和安理会分别传出两个非正式文件，对未来的秘书长候选人提出了条件。经过激烈的世界性政治竞选，11月21日，安理会15个理事国在纽约总部对秘书长人选进行了具有决定意义的投票。最后的结果是，安理会以11票赞成，4票弃权通过决议，推荐一位非洲人为第六届联合国秘书长。他，就是布特罗斯·加利。经过联合国大会的表决，1992年1月2日，加利正式出任第六任联合国秘书长，并成为担任这一职位的第一位非洲人。

联合国秘书长加利

走进科学的殿堂

1922年,加利出生在一个科普特人家庭,他的祖父在20世纪初曾任埃及首相,父辈中也出过外交大臣、农业大臣等高级官员。

从小优秀的皮埃尔

加利从小喜爱读书,家里又有十分良好的阅读条件,所以他读了很多阿拉伯文和外文书籍。

在加利青少年时代,他的祖国经历着急剧的政局动荡。1922年,英国政府虽然宣布终止对埃及的保护国制度,但是埃及人民想要实现真正的独立,还需要进行坚持不懈地努力。

1923年4月,埃及颁布了新宪法。该部宪法规定埃及是君主立宪制的自由独立国家,立法权属于国王和议会。该宪法给予国王的权力非常大。他拥有选择和任命首相的权力,有推迟议会开会和解散内阁和议会的权力,有指定上议院长和2/5的上院议员的权力。总之,新宪法是妥协的产物。即便如此,埃及人民经过艰苦斗争毕竟从殖民状态下向独立、自由的方向在很大程度上前进了一步。宪法宣布埃及为独立的君主立宪国家,标志着非洲现代史上第一个民族独立国家的诞生。1924年1月华夫脱党获得下院多数席位,组成了柴鲁尔内阁。柴鲁尔一上台的时候,就向全埃及人民表达了新政府致力于埃及完全摆脱英国殖民者束缚的强烈愿望。他说:"为了实现我们关于埃及和苏丹的民族期望,我的政府准备不受限制地同英国陛下进行谈判。"英国殖民当局决不愿看到埃及爱国民族主义势力的迅猛发展,而损害它在这一地区的殖民主义利益,便唆使姑息埃及王党势力对进步力量进行反扑。从1925到1936年

政界名人

期间，以国王福阿德为首的反民主势力曾发动了三次反议会政变。1936年4月，福阿德国王去世，其子法鲁克继任。华夫脱党在同年5月的大选中获胜。至此，埃及人民在20-30年代维护新宪法的民族主义运动取得了伟大的胜利。

1936年8月，埃及与英国签订了《英埃同盟条约》，从此埃及在内政方面逐渐走向独立。

同这个时期埃及政治上的风风雨雨相反，加利则在位于开罗市中心法加拉区豪华的宅院内度过了他充满安宁与温馨的青少年时代。家庭丰富的藏书给求知欲极强的加利带来了无限的快乐。他如饥似渴地阅读各种书籍，认真做笔记写心得。除了喜欢读书以外，加利还有十分广泛的爱好，他喜欢尝试一些具有冒险性的体育活动，包括骑马、击剑、打猎。年轻的加利据说还学会了开飞机，还获得了飞机驾驶执照。也许是受家庭的熏陶，加利所受的高等教育主要是政治和法学专业。1945年，加利毕业于开罗大学法学院法律系，以后又去法国巴黎大学专攻国际法。1949年，27岁的加利以优异的成绩毕业于法国巴黎大学，获得了国际法法学博士学位。他精通法语和英语，因此当了近30年的国际法教授。从外表上看，与其说他是个

福阿德

走进科学的殿堂

长期从事外交的国际事务专家，还不如说他像个报馆的编辑更为合适。

3年的留法学习生活对以后加利当选联合国秘书长影响非常大，这不仅在于加利获得了国际法专业的最高学位，更加重要的是加利熟练地掌握了联合国工作语言中非常重要的一种——法语。1991年6月非洲统一组织的各国首脑在尼日利亚举行会议，郑重其事地拟定推荐给联合国安理会秘书长的候选人名单，以迎战西方国家推出的人选。6月14日，6名候选人已经拟定出来。扎伊尔总统蒙博托仍若有所思。他已经获悉，作为常任理事国之一的法国提出了更加强硬的要求，即秘书长必须能说法语。如果把这一条件考虑进去的话，还有没有更合适的人选呢？他环顾四周，最后将眼光落在了埃及总统穆巴拉克身后的加利身上。他知道这个文质彬彬、刚晋升不久的埃及副总理兼外交国务部长加利能的非常熟练地操阿拉伯语、法语和英语，尤其是他的法语受过严格的专门训练，讲得标准、流利。他有时在与人交谈中故意流露出法国腔，而且还经常用一些法语特有的表达方式。外交圈内要好的朋友甚至调侃地给他冠以"皮埃尔"这一法国人常用的名字。或许正是加利身上的法兰西特点，在联合国安理会秘书长候选人的推选中他得到了当时法国总统密特朗的大力支持。

政界名人

埃及总统穆巴拉克

欧洲大学之母——巴黎大学

著名学者

在法国留学回国以后，加利在开罗大学担任政治系主任、国际法教授。这时埃及正处在法鲁克国王的统治时期，社会各种矛盾不断尖锐化。1952年埃及爆发了以纳赛尔为首的"自由军官组织"发动的"七月革命"，法鲁克王朝被推翻。1953年6月埃及共和国宣告成立。维系了近40年的埃及君主立宪制寿终正寝，埃及从此进入了又一个新时代——纳赛尔时代。在这个翻天覆地的变革时期，加利主要活动于教学科研领域。1954年，加利作为富布赖特学者前往美国哥伦比亚大学继续研究国际法，并担任哥伦比亚大学客座教授。

开罗大学

走进科学的殿堂

还在美国深造期间，加利写了有关也门和阿拉伯联盟的两篇最著名的论文，这篇论文为他在国际法学界的学术地位奠定了一定的基础。1955年加利从美国返回埃及后，一方面在开罗大学商学院任教授，另一方面担任记者工作。他在开罗大学商学院政治系任教期间，主要讲授国际法和国际关系，并从事这方面的研究工作。除繁忙的文字工作以外，加利还涉足教学科研的行政事务。为了吸引全国最优秀的知识分子，加利曾大刀阔斧地改组了开罗大学法学院。1963年5月，加利任海牙国际法研究中心副主席兼海牙国际法教授协会主席。1967年，加利先在巴黎讲学，之后任开罗大学政治经济学院政治系主任，后任院长。

步入中年以后的加利，把主要的精力都投入学术研究领域。数十年来，加利勤奋努力，笔耕不辍。他曾多次参加国际问题学术会议，发表过大量文章，并写了许多国际问题的专著。到加利任联合国秘书长之时，他已跨入高产政治作家的行列，取得的成绩令世人瞩目。据《联合国纪事》介绍，加利秘书长在其著述生涯中写过100多部关于国际事务、法律和外交、经济及政治科学的书与文章。另有报刊介绍，在加利的成果中，有50多部用外文出版的著作，另有14部用阿拉伯文撰写的书。除此以外，40多年来他在国内外发表过上百篇的学术论文。

加利在学术上以及在以后的外交活动中成绩斐然，因此他先后获得了24个国家授予的奖章和荣誉称号。与此同时，他还被选为"日内瓦"国际律师委员会、法国"世界和平协会"和法国斯拉斯堡"国际人权学会执委会"等许多国际组织的成员。

国际问题专家

从加利学术研究的领域和方向我们可以看出，他非常重视对第三世界的研究。第二次世界大战以后随着帝国主义殖民体系逐渐动摇与瓦解，广大第三世界的民族民主运动风起云涌、此起彼伏。从亚非会议的召开到不结盟运动的兴起，广大第三世界各国在国际政治舞台的影响不断扩大。所有这一切对加利的政治倾向无不产生了深刻的影响。1972年，《非洲边界争端》一书出版，加利在谈到写作该书的宗旨的时候就指出，要尽量打破在国际法和国际关系的研究中至今仍是"欧洲中心论的一统天下"，清除国际法在非洲的殖民色彩。这不但反映了加利学术研究的开拓性和独创意识，而且加利以此书为中心的非洲系列专著文章的问世也最终为他成为埃及非洲政策的化身奠定了前期基础。

加利主张广大亚非拉国家进行广泛的合作，消除殖民主义势力在这些地区的影响，加强团结，努力为建立国际政治、经济新秩序，为摆脱贫困而斗争。1990年4月，加利在《埃及新闻报》上撰文说："事实发展表明，南北国家之间的差距正在扩大。东西方缓和很可能以牺牲第三世界国家利益为代价。"加利指出，第三世界国家当前面临的主要问题是殖民主义留下的后遗症以及贫穷与生产水平低下之间的恶性循环。他强调，第三世界拥有丰富的资源，只要加强团结、合作，建立一个共同市场，就能发挥自己的优势，消除殖民主义的后遗症，创造和平、稳定的环境，进而推动南北对话。加利尤其主张非洲各国开展合作，解决自己严重的经济问题。加利竭力反对非洲势力对非洲大陆的干涉，主张在非洲统一组织范围内用和平手段解决非洲之间的分歧。

　　作为国际问题专家，加利长期致力于对和平问题的研究，并且提出了不少真知灼见的观点和主张。他通过自己亲身的外交实践，为埃及和解以及整个中东地区的和平进程作出了杰出的贡献。

政界名人

欧洲大学之母——巴黎大学

法国总理若斯潘

　　法国前总理利昂内尔·若斯潘（1937— ），1937年7月12日生于一个信仰新教的家庭，父亲是残疾人学校的一名教师，母亲是助产士。10岁的时候，在索镇读书的小若斯潘受到了老师的惩罚，他犯的错误就是向小伙伴们科学地解释了孩子是怎么生出来的。前一天晚上，他的母亲米雷耶向家里人讲了一堂生理课，利昂内尔就迫不及待地想把这些讲给同学们听。他绝不是想搞恶作剧，他甚至还为自己知道这些而感到骄傲无比。同学们听后先是傻笑，然后大声起哄，这个"放肆"的孩子便被班主任老师叫去。小若斯潘被告之学校不是放荡的地方，他被开除了。这件事对若斯潘影响很大，以后他再也不乱说话。而且，

法国总理若斯潘

走进科学的殿堂

他还早早地学会了克制——一种近乎腼腆的谨慎。

后来，若斯潘毕业于巴黎政治学院和国家行政学院，1970—1981年任巴黎第十一大学工艺研究所经济学教授。1965—1970年在外交部任职，后辞职去巴黎十一大学任经济学教授。1971年加入社会党，1973—1975年任社会党全国书记。1981年首次当选国民议会议员，同年至1987年任社会党第一书记。1988—1992年任教育部部长。1995年再次出任社会党第一书记，代表左翼竞选总统失利。1997年6月1日率领社会党赢得国民议会选举胜利。翌日被希拉克总统任命为总理并组阁。

若斯潘懂拉丁语、希腊语、英语、德语和意大利语，喜好篮球和网球。著有《创造可能》（1991年）和《1995—2000：对法国的计划》（1995年）等书。曾有两次婚姻，妻子西尔维亚娜·若斯潘，他们有二子一女。据说，若斯潘有时傲慢固执，有时幽默风趣，有时脾气暴躁，有时眉头紧锁，有时喜笑颜开，他的情绪总是随着周围的环境的变化而不断变化。1981年，若斯潘陪同总统密特朗访华，1986年以社会党第一书记身份率团访华，1998年9月以总理身份访华。

希拉克

政界名人

2002年2月25日，是法国文豪雨果诞辰200周年纪念日，若斯潘亲率一支由政治家、作家和艺术家组成的队伍来到雨果的家乡拜谒。其实此行的主要目的是为了在当年竞选法国总统时提高自己的支持率。为了获得总统竞选，若斯潘出书宣扬自己的政治思想，社会党也为此耗资600万法郎给予他一定的支持，仅仅宣传他政绩的厚达40页的彩色画报就散发了600万份。

令人想不到的是，2002年4月，法国总统大选第一轮投票即爆出惊人的冷门：极右的国民阵线主席、总统候选人勒庞击败社会党候选人若斯潘，获得仅次于戴高乐派传统右翼候选人希拉克的选票。希拉克和勒庞成为有资格参加于5月5日进行的第二轮投票的总统候选人，若斯潘被挤出第二轮投票。这是法国总统大选历史上首次有极右翼领袖成功进入第二轮角逐，这一结果令法国朝野左右两翼大为震惊，以致有人称其不亚于一次"政治地震"。西方媒体分析认为，在竞选的过程中若斯潘表现得过于呆板和笨拙，因此失去了相当多的选票。

巴黎当地时间2002年5月6日，法国左翼社会党总理若斯潘向当选总统希拉克递交了辞呈，宣布辞去总理职务。希拉克总统接受了若斯潘的辞呈。

走进科学的殿堂

法国总统密特朗

政界名人

弗朗索瓦·密特朗（1916—1996年），1916年10月26日生于法国西部夏朗德省雅尔纳克市的一个铁路职工的家庭。密特朗的童年是在家乡和外祖父家度过的。他聪明好学，颇受外祖父的疼爱。他每天潜心读书，除了文学，他对史地极感兴趣。他曾这样说："史地是我童年最亲密、最好的朋友，玫瑰色的法国地图和绿色的德国地图常常使我爱不释手。"18岁的时候，密特朗告别故乡，来到巴黎，进入巴黎大学法律系和政治学院学习法律、政治和文学。这时，他阅读了大量的古典小说和现代文学作品，并且以优异的成绩先后毕业于巴黎大学和政治学院，在获得法学和文学学士学位之后，又荣获法学博士学位。

密特朗

欧洲大学之母——巴黎大学

第二次世界大战的战火在欧洲蔓延的时候，密特朗毅然投笔从戎，当了炮兵团的一名二等兵，被派往守卫法国与比利时接壤的马其诺防线。其间，密特朗结识了共产党人，开始走上左翼道路。1940年，密特朗在凡尔登战斗中受伤，被德国人俘虏，关进了集中营。翌年3月5日，他经过周密准备后，趁着朦胧的曙光，逃离战俘劳改营。经过23个夜晚的奔波，他来到离瑞士只有4公里的一个地方。正当眼看就要逃出魔掌的时刻，却不幸地被发现了，他被重新投进斯佩肖根监狱。第三次越狱之后，他逃到护士达尼埃尔家躲避搜捕。没想到的是两人竟然一见钟情，结为伉俪，真是天作之合。密特朗对自己第三次越狱获得的成功从不隐讳。当他追求某个目标遭到失败时，还常常以此激励自己和鼓励别人。

密特朗是一位名副其实的政坛宿将，他曾经在维希政府做过官，在动荡不定的第四共和国政府中11次入阁，历任退伍军人部长、总理府情报国务秘书、海外领地部长、国务部长、内政部长、国务部长兼司法部长等职。1958年，他反对戴高乐将军重新执政，此后一直从事反对派的政党活动，担任过社会民主左翼联盟主席和共和体制大会党主席。1971年他当选为社会党第一书记。他曾两次参加总统竞选，但均遭到失败。但是他孜孜以求，从不气馁，最后在1988年5月8日举行的法国总统选举中，成功当选为法兰西第五共和国的第6任总统，也是法兰西第五共和国首任社会党总统。

作为国家元首，密特朗表现得沉着老练，富于政治家风度，并且精明机智、聪慧超众。他善于洞察和分析法国人的心态并加以利用，使自己两次入住爱丽舍宫。1988年，当总统任期行将结束的时候，密特朗察觉到法国人企盼社会稳定团结和维持现状的心理，于是便唱起"甜美

政界名人

89

走进科学的殿堂

的法兰西"赞歌,利用法国底层人民对社会党初期的高福利政策的眷

爱丽舍宫

恋,实现了蝉联总统的愿望,成为第五共和国迄今唯一一位连任两届的总统。

密特朗当政后一直坚持独立自主的对外政策,加强同第三世界国家的关系,力主西欧联合,保持同美国的结盟。在政治上,他主张用社会主义加自由来改造法国的政治体制。在经济上,他主张通过"社会合作",增加对巨富的征税,以此来缩小社会的不公正和日趋严重的不平衡。他提出的旨在加强西欧科技合作的"尤里卡"计划,得到了西欧绝大多数国家的支持。密特朗总统是中国人民的老朋友,曾经多次访华。

作为国际政坛上一位有影响的人物,密特朗酷爱文学、喜欢史地、迷恋音乐,因此被人们誉为博学多才的总统、欧洲最有文学修养的国家元首和以文学为乐趣的政治家。他说:"千万不要认为我的生命中充满了政治,政治在我重要事务的次序中不占第一位,文学永远是我的乐园。"他每天在

繁忙的政务活动之后总是要读两小时书才就寝。他还挤出时间著书立说。他的著作之多，文笔之优美流畅，结构之严谨，内容之丰富往往使一些专业作家都感到自愧不如。他的主要作品包括：《中国面临挑战》、《不断的政变》、《我的实情》、《手持玫瑰》、《蜜蜂与建筑师》等。

政界名人

走进科学的殿堂

现代奥林匹克之父顾拜旦

政界名人

勒巴龙·皮埃尔·德·顾拜旦（1863—1937），1863年1月1日出生于法国巴黎的一个贵族家庭，在家里排行第四，也是最小的孩子。1471年，他的一位先祖得到了国王路易十一授予的贵族称号。他的父亲夏尔·德·顾拜旦是个颇有名气的水彩画家。他的母亲玛丽也是位贵族后裔。顾拜旦从他父母那里继承了大笔的遗产。1896年至1925年任国际奥委会主席，他终生倡导奥林匹克精神，因此被誉为"现代奥林匹克之父"。

勒巴龙·皮埃尔

顾拜旦的童年是在诺曼底度过的。当时的顾拜旦非常喜欢拳击、赛艇、击剑和骑马等体育活动，并

且喜欢画画，还会弹钢琴。

1880年，顾拜旦进入法国著名的圣西尔军校，但是不久就退学了。随后进入法国巴黎政治学院，后来又入法国巴黎大学法学院就读，获得了文学、科学和法学三个学位。青年时代的顾拜旦志在教育和历史，在普法战争中因战败而萌生了教育救国和体育救国的思想。法国因为在战争中失败，全国笼罩在灰暗忧郁的气氛中。一时间，各界都在探讨振兴国家的方法。当时英国的体育教育比较先进，顾拜旦多次到英国考察。他认为，要使法国摆脱战争的阴影，最好的方法就是走"体育兴国"之路，"让怯懦的、封闭的年轻人进行体育锻炼，学会冒险、懂得超越"。

1883年起，顾拜旦进行比较教育学的学术研究。1888年，顾拜旦出任法国学校体育训练筹备委员会秘书长，并且发起成立了第一个"全法学校体育协会"，设立了"皮埃尔·德·顾拜旦奖"，以此来表彰最优秀的运动员。1889年，召开推广在教育中设立身体练习课程代表大会，他担任大会秘书长。但是，顾拜旦的主张在保守的教育界是无法实施的。就在他遇到重重阻力的时候，从北欧国家和英国吹来了一股复兴古代奥林匹克运动之风。在这些国家，一批以大学教授为主体的知识分子，模仿古代奥运会的形式，组织了一些将体育和文化结合起来的、带有鲜明地方特色的运动会或体育联欢节。

在1875—1881年间，德国考古工作者不断地成功挖掘出奥林匹亚遗址，这项考古发现轰动了全欧美，为复兴奥运起了推波助澜的作用。这引起了顾拜旦极大的兴趣和关注。

1890年，顾拜旦终于有机会访问希腊的奥林匹亚山。古代奥林匹

走进科学的殿堂

克运动的发源地，使顾拜旦萌生应以古代奥林匹克精神来推进国际体育运动的想法，以创办现代奥运来弘扬奥林匹克精神。他认为宏扬古代奥林匹克精神可以促进国际体育运动的发展。

于是，顾拜旦决定改变方向，从复兴奥运着手，最终达到振兴国家的目的。他在法国找到了几位志同道合者。其中有一位叫乔治·德·圣克莱，他是法国田径协会创建人（法国奥委会前身）。一种举办世界性的奥林匹克运动会的设想使他开始积极投入到创办现代奥运会的工作中去。1891年，顾拜旦出任法国田径协会秘书长。

1892年12月25日，法国田协在巴黎索邦大学举行成立5周年纪念大会，顾拜旦首次在大会演讲中发表了"复兴奥林匹克运动"的著名演说，并且正式提出恢复和创办现代奥运会的想法。顾拜旦首次发出了复兴奥运的号召，但是遗憾的是无人响应。初次尝试失败了，顾拜旦开始新一轮不屈不挠的奋斗。他走遍法国，走访了欧美许多国家，每到一个地方，他总是用炽热的感情、美好的语言谈论复兴奥运，他"像一把火，消融着疑虑，点燃起热情"。

1893年，在顾拜旦的推动下，在巴黎召开了"恢复奥林匹克运动代表大会"。来自12个欧美国家的代表们一致通过了恢复奥林匹克运动的宪章，并且与此同时确定了现代奥运会的宗旨。这次会议还决定：于1896年4月在奥林匹克运动发祥地希腊举行第1届现代奥运会，以后则按照古奥运会的传统，

政界名人

奥委会主席维凯拉

每4年举行一次。1894年6月23日，国际奥林匹克委员会成立，当时著名希腊诗人维凯拉斯担任首任国际奥委会主席，顾拜旦则当选为秘书长。

1896年4月5日，第1届奥运会在希腊雅典举行。在开幕式上，希腊国王乔治高度赞扬了顾拜旦对奥运会的贡献。雅典奥运会后，维凯拉斯辞去奥委会主席职务，顾拜旦当选第二任国际奥委会主席。1912年在瑞典斯德哥尔摩举行的第5届奥运会上，顾拜旦针对当时体育竞赛中的一些弊端，发表了著名的诗作《体育颂》，获得了本届奥运会文艺比赛的金质奖章。

1913年，顾拜旦还为国际奥委会设计了会徽、会旗。会旗图案白底，无边，上面有蓝、黄、黑、绿、红5个环环相扣的彩色圆环。它象征着五大洲的团结以及全世界运动员以公正、坦率的比赛和友好的精神在奥林匹克运动会上相聚。除此以外，他还倡议燃放奥林匹克火焰、设立奥林匹克杯等。在确定奥林匹克运动会口号的问题上，顾拜旦最初觉得应该以"团结、友好、和平"的口号来指导比赛。后来，他的一个朋友狄东神甫提出了"更快、更高、更强"的口号，并且得到顾拜旦的赞赏，认为它体现了人类永远向上、不断进取的伟大精神，以后便倡议它作为国际奥林匹克运动会的口号一直使用。1925年顾拜旦辞去了国际奥委会主席的职务。

从1896年首届奥运会，于1925年顾拜旦辞去国际奥委会主席这一时期，奥运会还没有成为一个世界性的运动盛会，参赛选手少，成绩平平，新闻界反应冷淡。这促使顾拜旦对奥林匹克运动进行了非常深入的思考，他的"奥运思想"在这一阶段日趋成熟。顾拜旦起草了国际奥

走进科学的殿堂

委会章程,通过历史学家的深邃眼光和文学家的优美笔调,阐述了奥林匹克运动的哲学基础、教育和美学意义。他从最初的时候就规定了国际奥委会的独立自主性和中立性。他奠定的理论基础,使得奥林匹克运动经受住了百年风雨的考验,发展成为一个持久的青年运动与和平运动。国际奥委会成员由14人增加到40人,并先后成立了20多个国际专项运动联合会。在他卸任之后,被终生聘为国际奥委会名誉主席。在日内瓦美丽的湖光山色之间,顾拜旦度过了生命的最后3年。1937年9月2日,他在湖边散步的时候,因心脏病突发跌倒在地,最后匆匆离开了人世。顾拜旦去世以后,遗体安葬在洛桑市郊的公墓里,根据他的遗愿,他的心脏被安葬在了奥林匹克运动的发源地——希腊奥林匹亚的科罗努斯山下。在奥林匹亚国际奥委会所属的"奥林匹克学院"里的青青的草坪上,有一块洁白的大理石顾拜旦纪念碑,这块碑的下半部分是空心的,顾拜旦的那颗永远追求的心,充满博爱的心,而今在那里安眠。

顾拜旦不仅是一个杰出的国际体育活动家,而且还是一个卓有成就的教育学家、历史学家。他一生著有《1870年后的法国史》、《教育制度的改革》、《英国教育学》、《运动的指导原理》、《运动

顾拜旦铜像

政界名人

心理之理想》、《体育颂》等著作。其中，他在 1912 年斯德哥尔摩奥运会期间发表的《体育颂》最有名的，并且因此而获得该届奥运会金质奖章。

在法国，有以顾拜旦命名的街道、体育场馆。在法国国家奥委会的大厅里，毅然矗立着顾拜旦的铜像。1999 年 12 月 17 日，他被《奥林匹克杂志》评选为"世纪体育领导人"。

走进科学的殿堂

大革命时期恐怖实施者罗伯斯庇尔

"过路人,不管你是谁,切莫为我的命运悲伤,要是我还活着,你就得死亡。"

政界名人

罗伯斯庇尔

以上这句话看似是给斯芬克斯的墓铭,实际上却属于法国大革命中的风云人物——马克西米利安·罗伯斯庇尔。勒费弗尔在《法国革命史》中写道:"不言而喻,生活在大革命时代的人对他们经历的恐怖永远不能忘怀,他们的怨恨也传给了他们的后代。"罗伯斯庇尔的名字好像总是与恐怖一起出现,难道他一直都是恐怖主义者,是嗜血的魔王?他的躯体里究竟装着什么样的灵魂!还是让我们重拾那段激情而又沉重的历史吧。

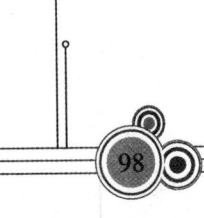

早年的罗伯斯庇尔

马克西米利安·罗伯斯庇尔（1758—1795年），1758年5月6日生于法国外省一个律师世家。他出生的时代，法国正处于"太阳王"的孙子路易十五的统治下。森严的等级制度像是种姓一般将法国各界分成一个个独立的社会。第三等级的财富被特权阶级肆意诈取，上层的奢靡和黩武将法国一次次推向财政破产的边缘。"太阳王"为法国赢得光荣的余晖不久后也在"七年战争"中消失殆尽。俄国和普鲁士的兴起，使得法国渐渐无可挽回地失去了在欧洲大陆的优势。

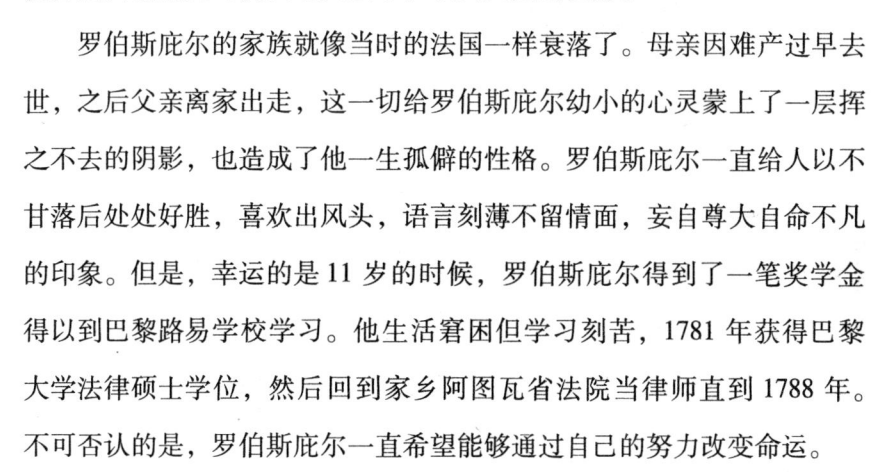

罗伯斯庇尔的家族就像当时的法国一样衰落了。母亲因难产过早去世，之后父亲离家出走，这一切给罗伯斯庇尔幼小的心灵蒙上了一层挥之不去的阴影，也造成了他一生孤僻的性格。罗伯斯庇尔一直给人以不甘落后处处好胜，喜欢出风头，语言刻薄不留情面，妄自尊大自命不凡的印象。但是，幸运的是11岁的时候，罗伯斯庇尔得到了一笔奖学金得以到巴黎路易学校学习。他生活窘困但学习刻苦，1781年获得巴黎大学法律硕士学位，然后回到家乡阿图瓦省法院当律师直到1788年。不可否认的是，罗伯斯庇尔一直希望能够通过自己的努力改变命运。

在巴黎大学的学习对罗伯斯庇尔的影响很大，可以说是活跃的巴黎给他带来了活跃的思想，也正是这种活跃的思想点燃了他叛逆的火种。罗伯斯庇尔11岁开始接受法学的教育，深受洛克、孟德斯鸠及卢梭的影响，尤其是卢梭。卢梭向往一个维护私有制，没有贫富差距，没有等级，有充分自由的小资产阶级民主共和国。可能都是出生于资产阶级的

走进科学的殿堂

下层，都经历过艰辛困苦的生活，使两者的思想更容易接近。后来罗伯斯庇尔在纪念卢梭的献词中写道："我愿踏着您那令人肃敬的足迹前进，即使不能流芳百世也在所不惜；在一场前所未有的革命为我们开创的艰难事业中，如果我能永远忠于您的著作给我的启示，我将感到非常幸福。"从罗伯斯庇尔在法国大革命中的言行来看，人们可能会认为他是在实现两个人的平均梦。罗伯斯庇尔大学毕业后从事律师的职业并积极帮助无助的普通人，这使罗伯斯庇尔对"法"产生了特殊的情感。当看到法国的国王可以用"密札"对法律的神圣进行亵渎的时候，当看到第三等级得不到法律的保护而被封建特权所欺凌的时候，罗伯斯庇尔深深感到要建立一个真正的法律原则，要维护法律神圣地位的行动迫在眉睫。资产阶级迫切要求建立一个公平公正能得到保护的竞争环境，小生产者也迫切要求法律能够对弱者进行支持，法律的作用不应当仅仅是维护特权阶层的利益，它还应该带有社会性。

法国和其他西方社会一样是基督教占统治地位的。基督教是认为人性本恶，因此人们对人治是不予信任的，所以西方人希望能够建立一种能约束人性"恶"的工具，于是建立了一种普遍的规范对人进行约束，最后这种规范就进一步演变为"法"。罗伯斯庇尔也不会脱离这一传统思想的影响。加上罗伯斯庇尔在启蒙思想家的著作中吸取了自然法的精

卢 梭

政界名人

神，于是他认为，是法律精神规定了人生来始终是自由平等的，这本来是人生来就拥有的权利，是无法剥夺的，因此他义无反顾地为能够在法国实现自由平等而坚持不懈地进行斗争。

罗伯斯庇尔的革命态度及转变

罗伯斯庇尔认为"法"赋予每个人的权利都是平等的，因此一个人无权随意地剥夺另一个人的权利，除非他享受了超越"法"规定的限度，而这种剥夺也应该通过合法的途径进行。有这种思想的人绝对不可能是冷酷无情的，绝对不可能在短暂时间内成为暴力的支持者。而罗伯斯庇尔就是一个"珍爱人类鲜血的人"，一直以来他就是恐怖的反对者。罗伯斯庇尔没有参加巴黎人民第二次及第三次武装起义，没有参与"九月屠杀"，尽管人们都认为在这几次实践中他扮演的是鼓动者的角色，是他在积极激起人民心中的愤怒，是他在唆使人民犯罪。但是在1792年9月2日的"九月屠杀"中丹东是司法部长。吉伦特派的重要人物罗兰对此事深表遗憾但又认为是无能为力的。罗伯斯庇尔是一个无行政职务的人，他无力阻止群众的自发行动，除了表示遗憾之外还能做些什么？罗伯斯庇尔在群众中所谓的"煽动性宣传"，只是为了让群众知道事实的真相，只是尽一个议会代表对选民负责的义务，他无法控制如此众多的群众的思维。罗伯斯庇尔没有违反他一贯的法制主张，在这次行动中人民针对的对象是封建的反动势力，像他们这些危害社会公共规范的人，的确应该受到法律的制裁。虽然罗伯斯庇尔无法使他们在法庭得到法律的制裁，但是人民执行这一权利的表现是公共意志。罗伯斯

庇尔之所以避免卷入此事，主要是血腥的行为毕竟是不人道的，而且他当时还没有勇气去面对这样的恶行。但这一次使已经深知群众力量的罗伯斯庇尔对人民的力量有了更深层次的认识，他感到了人民力量中的危险因素，他应该把这种危险转移到反动势力的身上。而罗伯斯庇尔对两次人民武装起义的漠视，主要是担心内部的斗争会削弱同盟的力量和加速同盟的分化，而且他也不希望将法国一次次推进血泊之中。

然而像这样一个亲善的人，却在外界的重压的作用下被迫走上了恐怖道路。当1792年8月开始执政的吉伦特派虽然竭力推行稳定法国的措施，他们积极对反法同盟作战，但没有对外取得决定性的胜利，对内企图继续打击保皇党势力，并推行斐扬派的土地改革政策。但他们拒绝人民要求最高限价的呼声而力图维持自由经济政策，采取一系列措施但最终没有取得应有的效果，法国依旧处于贫困和外敌入侵之中。吉伦特派无力挽救社会危机，人民只能去另外寻求一个统治者，因此，这个时候激进的雅各宾派被推到了法国革命的最前沿。

雅各宾派执政时情况是极为危急的。由于王党分子和吉伦特派希望夺回曾经失去的政权，导致了全法国的83个郡有60个发生了叛乱，尤其是旺代的王党分子，挑唆当地的农民进行起义一直得不到控制。不甘失败的反法同盟，一面继续支持流亡的法国王党分子，一面又攻入法国境内，英国则在海上对法国进行了封锁。与此同时，法国国内的经济状况极为恶化，失业人员呈迅猛增长的势头，食品等生活必需品极为匮乏，物价飞涨，纸币不断贬值，人民为了迫使当局实行最高限价不断进行武装示威，激进的忿激派、巴黎公社以及内部的埃贝尔派都要求雅各宾派实行恐怖统治。以罗伯斯庇尔、丹东为首的雅各宾派领袖们认识到

在当时的情况下如果不采取恐怖的统治政策的话，法国革命的胜利果实最终必将失去，资产阶级的领导权必将失去，吉伦特派和斐扬派的政策都暂时无法满足革命形势的需求，因此在非常时期就不得不采取非常的手段。并不是雅各宾派选择恐怖，而是恐怖选择了雅各宾派！

危急中的法国

恐怖统治包括政治和经济两个方面，即政治上的恐怖政策和经济上的"统制经济"。作为一个中下层的资产阶级革命家，罗伯斯庇尔深知自由经济对于资产者、对于资本主义发展的重要性，他反对的是违反市场经济原则的囤积居奇和投机倒把。但是因为"祖国在危急中"，雅各宾派领导人清醒地认识到，只有尽可能地集中有限的财力物力，尽可能地满足人民的限价要求，才可以对内镇压封建反革命，对外打败反法同盟，否则当封建势力反攻倒算时，很多资产者将一无所有。至于政治上的恐怖是以革命的恐怖对付反革命的恐怖，这在当时反革命气焰嚣张的时候是完全必要的，对敌人仁慈实际上就是对自己宣判死亡。正是因为罗伯斯庇尔和丹东清楚恐怖是形势所逼的暂时行为，所以他们才敢大胆地同意恐怖的开始，一旦形势好转恐怖就会停止。因为恐怖的目的在于恢复秩序和营造符合资本主义发展的环境，并实现《人权宣言》中的承诺。他们对于恐怖唯一要做的是控制恐怖的发展，使恐怖不要超过资产阶级的控制范围。例如，1793年9月人民的起义迫使雅各宾派实行全面恐怖后不久，代表下层人民的忿激派领导人雅克·卢就因为提出了过分激进的主张被罗伯斯庇尔推进了监狱，同时忿激派也被镇压下

走进科学的殿堂

去了。

1793年9月15日法令重申了谷物和面粉的最高限价，9月29日法令又规定了对各种生活必需品的"普遍最高限价"以及工资的最高限价。但救国委员会只是迫于需要才推行统制经济的。资产阶级对于限制经济自由的国营化充满了敌意。统制经济对救国委员会来说只能是一种保卫国家和革命的权宜之计。

同年9月17日颁布了《惩治嫌疑犯条例》，该法令成为恐怖政策的代表性法令。此法令的颁布的确使反革命分子心惊胆战，但内容含糊不清使人在理解和执行中容易出现偏差，打击面不仅限于嫌疑犯而且包括可能是嫌疑犯的人，法令中不仅打击反革命分子而且还要牵连家属，加之形势危急处理难免草率难免会出现扩大化。到1794年5月，全国被捕的嫌疑犯总数超过30万。很难想象倘若当时法国拥有如此众多的反革命嫌疑犯，封建势力还能复辟不成功！

雅各宾派好像在一开始的时候就没有办法控制住局势了，巴黎的断头台格外的忙碌，每天都有被革命法庭宣判死刑的反革命叛国者送上断头台。这个法庭只要一经宣判就不得上诉，在这个法庭上，被告失去了一切的权利，像一只羔羊一样任人宰割。罗伯斯庇尔、丹东对此都是无能为力的，他们能做到的仅仅是尽可能少地使人在巴黎上断头台。为了安抚民众，征得他们的支持，牺牲人类的鲜血是必要的。在恐怖一开始就有如此多的鲜血，人民的疯狂是重要的因素。最初的时候，群众的惩罚行动中便夹杂着公报私仇的成分。毋庸置疑，当人民看到过去骑在自己头上的老爷夫人们在自己手中结束生命，无疑是一大快事，也使他们产生了错觉，认为雅各宾派就是他们的救世主。

假如说罗伯斯庇尔从一个温和派在经过4年革命的洗礼后成为一个暴力革命者，那么至少在一开始他的心里还存有对人类生命的珍爱。1793年10月国民公会被清洗了，有136名吉伦特派及其支持者被开除，其中不少人可能会以叛国通敌的罪名被处死，但罗伯斯庇尔据理力争认为只有首恶分子应该被处死，从而挽救了63条生命，但这却成为埃贝尔派指责罗伯斯庇尔对革命动摇的口实。当然在这一事件中罗伯斯庇尔也通过冷酷无情、残忍以及用肉体消灭的办法对付持不同政见者。如果说处死玛丽·安东内特是为了取悦人民的话，那么把布里索、维尼奥、罗兰夫人、巴伊、巴纳夫等一大批法国大革命中的卓越领导人推上断头台，则属杀害持不同政见的同志。倘若这些领导人的罪名成立的话，那么法国人民是在一群叛徒、反革命、卖国贼、野心家的领导下开始并取得了法国大革命的极大胜利！难怪丹东从一个兴奋万分的农民那里得到布里索等22人被处死的消息时会感到双重的悲哀。不幸的是不久之后，布里索的命运就降临到丹东和埃贝尔等人的头上。从肉体上进行消灭无疑是最简单最彻底的方法，当然罗伯斯庇尔也免不了成为断头台下的主角。

罗兰夫人

由于缺乏对恐怖执行者的限制，恐怖在政治上逐渐变得疯狂起来。大权在握的特派员随心所欲地主持恐怖。11月7日，富歇和科罗德布瓦来到里昂进行了大规模镇压，处死1667人。断头台不够，还辅以步枪排射。截至1793年9月份，260名被送到革命法庭的人犯中有66名被处死刑，约占1/4。在1793年的最后3个月里，在395名被告中，有

177名被判处死刑，占45%。1793年8月底，被拘于巴黎监狱的囚犯有1500人，到10月2日增到2398人，到12月21日又猛增到4525人。尽管恐怖出现了扩大化，但恐怖政策的确起到了严厉惩治敌人，以及震慑反革命势力的作用。这正如圣茹斯特所说的："在人民和敌人之间除去宝剑外，没有任何共同之处。对于那些不能用正义来管理的人，就必须使用铁棍来统治。"即便是死者中有许多不明真相的群众，但是正如勒费弗尔说的："但我们应该理解，在这场斗争中，背叛者实际上比原来的敌人更难得到宽恕。"

伯恩斯和拉尔夫认为："虽然他（指罗伯斯庇尔）在发起恐怖统治中只起到了很少或者说没有多大的作用，但是要对它的扩大范围负有责任。"对于恐怖政策，罗伯斯庇尔认为，革命是为了实现宪法，革命只是一种用来实现自由、平等和持久和平的手段，恐怖是消灭人民公敌，保护善良公民的合法权益。尽管罗伯斯庇尔坚持认为，在对待嫌疑犯上要进行甄别，要严厉打击首恶之徒而不是惩治一片，但是假如不出现恐怖的扩大化就不能称之为恐怖。在恐怖的执行中会有一批人很不幸的成为这一政策的牺牲品，恐怖本来就是突破常规的措施，缺乏限制的机制。恐怖中有一大批无套裤汉参与其中，群众的热情很容易转换成政治上的狂热，而恐怖又没有办法离开人民。再则实现恐怖为的是达到保卫脆弱的共和国的目的，恐怖在当时是一种责任。因此，恐怖的控制问题就十分的棘手，不管是罗伯斯庇尔还是丹东，对此却都无能为力。因此在这个非常时期，由此而对罗伯斯庇尔加以非难，很显然有失公允。

在经济方面，1793年10月初组建了征粮的革命军，强迫农民交出粮食。国民公会于11月12日授予食品供应委员会武装征用一切工场和

欧洲大学之母——巴黎大学

全部农业收成的权利。食品供应委员会严格按照限价法令规定物价，制定了各地生活必需品的价目表。一个非常典型的例子，特派员圣茹斯特在只有4万人的斯特拉斯堡下令征发了5000双靴子、1500件衬衣和2000多张床。征发主要是针对富人进行的。霜月1日（11月21日），罗伯斯庇尔在雅各宾派汇报圣茹斯特执行任务的情况时指出："你们看，它为穷人的生计搞垮了富人。这种做法唤起了革命的力量，鼓舞了爱国者的斗志。贵族都被推上了断头台。"

恐怖统治所获得的成效是令人欢欣鼓舞的。法国国内由于有效抑制了囤积居奇和投机倒把，实行生活必需品的征发配给制，物价飞涨、货币贬值问题得到了进一步地控制，在巴黎再也不见排长龙买面包和抢购生活必需品的现象了。由于惩治嫌疑犯条例的公布，处死了一大批反革命分子，纯洁了革命军队。充分的后勤保障以及一批优秀军官的涌现，鼓舞了军队的斗志，增强了法军的实力。对内，在年底基本上镇压了保王党和吉伦特派的暴乱，由其是平定了旺代保王党煽动的农民起义；对外，10月16日儒尔当在瓦迪尼战胜了奥地利，12月19日拿破仑收复了被英军占领的土伦，12月26日奥什和皮什格律打败了普鲁士军队，到1794年初法国的领土上不再有战争，战争的胜利保证了法国的安全，

拿破仑

捍卫了大革命的胜利果实。应该公正地说，是恐怖使得法国从危急中走最终出来。

恐怖统治使得国家的权威得以恢复，它用强制力克服了利己主义和

服从纪律，使他们能自觉地团结对敌。恐怖赋予了革命政府无限的权力，无限的权力保障了恐怖政策的顺利实行，恐怖的成功又很大程度地增强了革命政府的威信，从而也将罗伯斯庇尔的威望推向了顶峰！

终成悲剧

当敌人远离法国境内的时候，法国人理所当然地认为恐怖也应该渐渐地逝去。索布尔认为，"向往和平生活的人，向往经济自由的人，都希望救国委员会放松约束，削弱权限。但是，还在持续的战争和春季重新发动的战役却仍然需要这些保障胜利的条件。假如救国委员会向日益公开的宽容派攻势退让，那么他还能保持无套裤汉信任这一胜利的基本条件吗？革命政府刚刚站稳脚跟就受到了反对派的两面夹攻。"

罗伯斯庇尔清醒地认识到自己不属于无套裤汉，自己也不属于资产阶级的中上层，雅各宾派执政是因为得到了无套裤汉的支持，同时也得到了下层资产者的拥护。由于军事行动的继续还必须继续执行统制经济，还必须牺牲农民们的利益，在广大农民看来还在受剥削；尽管广大的市民阶层欢迎限价法令，但是当限价落到自己头上时又会产生不满；资产阶级由于被限制了价格和利润，无法实现他们希望的自由贸易，对统制经济极为不满。假如取消限价，自己就失去了最可靠的基础，假如继续限价择优，就违背了本阶级的利益。最后罗伯斯庇尔选择了中间政策。无套裤汉对放松物价而不取消工资限价的行为极其不能理解，资产阶级对不能对统制经济进行根本上的调整而对罗伯斯比尔失望到了极点，这样埃贝尔和丹东就有机会跳出来同罗伯斯庇尔进行较量了。

恐怖统治是大革命中的非常措施，其抑制资本主义发展的措施同他革命的目的相违背，同时也不符合资本主义自身的发展规律。在恐怖基本完成历史使命后应该迅速地退出历史舞台，而把革命的主要任务转移到发展生产力上来，并为资本主义的发展创造最有利的条件。于是丹东就竭力主张恢复资产阶级的社会秩序，实行较为宽松的经济政策，从根本上改变统制经济的原则，同时要求结束政治上无原则的恐怖，实现社会的法治。这无疑是符合时代发展要求的，社会的发展要求另外一种政策。同时埃贝尔派所代表的无套裤汉等下层人民，要求继续统制经济，继续限价。罗伯斯庇尔派被夹在中间。正是在这种情况下罗伯斯庇尔既不能违背自己的阶级利益，又不愿失去统治的最有效力量——下层人民。

如果战时的继续统制经济还有进行下去的必要的话，那么在法国国内继续实行恐怖政治就是没有充分理由的。连罗伯斯庇尔也承认："革命政府所以需要非常的行为，那是因为周围的环境是动荡不安和变化无常的，特别是为了对付新出现的和严重的危险，它必须不断采取新的迅速手段。"也就是在这个时候，恐怖政治已经完成了自己的历史使命。但正是由于雅各宾派内部反对派势力的迅速兴起，使罗伯斯庇尔感到了威胁。5年的革命斗争使他充分认识到权力的重要性，权力是如此具有吸引力，谁掌握了它，不但可以牢牢掌握自己的命运，而且能够主宰他人的命运。只有拥有它，罗伯斯庇尔才能实现他建立一个民主平等的小康共和国的梦想。罗伯斯庇尔看到是恐怖使法国从危急中走出来，那么恐怖也可以使他的资产阶级共和国梦想在法国成为现实。他沉浸于一种想象之中，但埃贝尔和丹东成为他获得至高权力的障碍，他只能用大革

命中人们能普遍接受的方式处置他们，那么他就越是不会放弃恐怖政治。罗伯斯庇尔不允许有人侵犯他的权威，他认为自己是法国大革命原则最好的执行者，要是谁违背了他的意愿就是反对法国大革命，他已经陷于个人中心的黑洞。于是他将两派都送上了断头台。革命统一战线彻底崩溃了。接下来就是大恐怖。

罗伯斯庇尔从埃贝尔和丹东派的反对中产生的反革命势力依旧强大，而且不但存在于外部还存在于革命政府内部的观念，这样他就积极支持并促成了库东提出的牧月法令的通过。法令取消了辩护人制度和预审制度，在没有证据的时候可以用推理判案，因此大恐怖开始了。从1794年3月至6月10日，巴黎有1251人被判死刑，而6月11日至7月26日，就有1376人被判死刑，其中原第一、二等级占5%，原第三等级占74.5%，其余是军政官员。正像是马克思所说的雅各宾派后来是把恐怖作为保护自己的手段，这是法国革命的悲剧。

人们在恐怖后期见到的是一个矛盾的罗伯斯庇尔。一方面罗伯斯庇尔竭力赞同牧月法令，一方面又召回一些恐怖时期的主要滥杀无辜的特派员，要求建立甄别委员会，并没有将埃贝尔和丹东派杀绝。他的内心既反对恐怖又要求恐怖，就连罗伯斯庇尔在1794年2月5日的国民公会上也承认："如果在和平时期，人民政府的力量是美德；在革命时期，这种力量就既是美德，又是恐怖。没有美德，恐怖是有害的；没有恐怖，美德就是无力的。"他到底还是主张有节制的恐怖。他和丹东的主张没有本质的冲突，但是他也是人，他有自己的缺陷，这种缺陷会在一定条件下暴露出来。恐怖成就了罗伯斯庇尔，也埋葬了罗伯斯庇尔。用革命的恐怖对付反革命的恐怖，看上去好似乎是有理的，但事实上同样

是违背大革命原则的。

永远的英雄

罗伯斯比尔是法国大革命中的人民革命家，也是一位资产阶级革命家。他的悲剧在于：相信人民的力量，但是不相信人民。罗伯斯庇尔在几次巴黎人民武装起义中认识到资产阶级要取得反封建的彻底胜利，就要依靠人民的伟大力量。但是因为当时广大普通的法国劳动者素质过低，罗伯斯庇尔又认为广大人民根本无法承担法国大革命的领导任务，根本无法理解这场伟大革命的历史意义和根本目的，所以资产阶级要紧紧抓住领导权，避免因人民的盲目行为打乱了反封建的正常进程。最后罗伯斯庇尔陷入了深深的矛盾之中，而人民也被看似双重性格的罗伯斯庇尔带进了彷徨和观望之中！

罗伯斯庇尔无论怎样都没有料到自己也是法国大革命的过渡者，小资产阶级共和国的方案无法满足法国资本主义发展的要求，也不符合资本主义发展的规律。资本主义的发展一定不会在蛋糕还没有做大的时候就讨

圣茹斯特

论蛋糕较为平均的分配问题，资产阶级的中上层很快抛弃了罗伯斯庇尔。他从来没有认识到卢梭的思想不是法国大革命的原则，卢梭的《社会契约论》和人民主权说是对资产阶级的严重威胁。当然他也无法认识到，也就更加不可能会甘心退出历史舞台！1794年7月28日清晨，也

走进科学的殿堂

就是热月 10 日，已成孤家寡人的罗伯斯庇尔和圣茹斯特、库东等雅各宾派的主要领袖们一起被送上了断头台。在"国家剃刀"前的那一刻，罗伯斯庇尔再一次感到了个人生命的脆弱，他的生命就这样被结束了。和布利索、丹东、埃贝尔以及数万法国人一样，罗伯斯庇尔最终也变成了法国大革命的殉道者。

雄壮的《马赛曲》在法兰西大地上回荡了两个多世纪，这催人奋进的旋律很容易将人们带入对轰轰烈烈的大革命的回想中。大革命是法国最为津津乐道的历史，它使"法兰西万岁"成为法国人的信仰，而这一信仰真正得以确立的时期正好是是在雅各宾派的恐怖时期。莱昂纳多·达·芬奇说：历史是真理的女儿。罗伯斯庇尔的形象毋庸置疑应该跻身于法兰西资产阶级民族英雄的行列。罗伯斯庇尔和其他大革命的殉道者们一起用鲜血写下了一个永不褪色的口号：法兰西万岁！

政界名人

人才云集

大文豪罗曼·罗兰

罗曼·罗兰（1866—1944年），法国思想家、文学家，也是一个人道主义者。罗曼·罗兰除了在文学界享有不朽的地位外，也是研究贝多芬最认真的一位专家，以《贝多芬传》为蓝本所发表的《约翰·克利斯朵夫》更是堪称世界文学经典中的经典。

1866年1月29日，罗曼·罗兰出生在法国中部的一个小镇。因为他的父母双方的祖先三代都是律师，所以这是一个在当地颇受尊敬的家庭。而其父亲给儿子起

罗曼·罗兰

名为罗曼和保罗·爱弥尔，也是希望他能像古罗马作家普卢塔克笔下的罗马英雄一样具有十分强烈的精神和超凡的天赋。在这一点上日后的罗曼·罗兰并让父亲的愿望得以实现了。但在罗曼·罗兰小的时候其身体并不怎么健康，有一次还因为仆人的疏忽，将不到一岁的小罗曼·罗兰单独放在寒冷的户外，差点冻死。

罗曼·罗兰在少年的时候一直是体弱多病的。而这对于一直溺爱他

的双亲来讲，最好保护他的方法就是把小罗曼·罗兰禁闭在家里。而这与小罗曼·罗兰向往自然的天性发生了强烈的冲突。在他回忆这段童年生活的时候，他用了"鼠笼"这个词来形容当时的处境。而这个"鼠笼"最大的弊端就是扼杀了小罗曼·罗兰的"精神自由"。他没有办法像其他的孩子那样到田野间放牛牧羊，没有办法在广袤的大自然中嬉戏玩耍。而这一切竟然导致了幼小的罗曼·罗兰对生命和死亡产生了困惑与恐惧。

不幸的是，罗曼·罗兰在5岁那年，比他小两岁的妹妹突然因为白喉症而被夺去了生命。而这个事件所引发的直接后果就是父母对罗曼·罗兰更加严厉的"保护"，而妹妹的死亡也让幼小的罗曼·罗兰无形中对死亡增加了更多的恐惧和困惑。

由于小罗曼·罗兰的家庭在当时属于体面的中产阶级，因而父母对于孩子的教育也是极其重视的。在罗曼·罗兰14岁那年，为了让他接受优良的教育，他们一家人迁往了巴黎这座艺术之都。

这次迁家的行为对于罗曼·罗兰的一生来说都是一次重大的转折。在巴黎这座大都市里，年少的罗曼·罗兰开始是极为不适应的。在他看来，"大城市是庞然可畏的有机体，那里灵智的微生物会像一切痼疾的霉菌那样迅速地繁殖。假如新来者不能立即顺从，就必须经过一段漫长而痛苦的时期，使他们的血能适应这些毒素"。而在这其中最重要的是，对于内向而且喜欢幻想的罗曼·罗兰来说，他失去了信仰的家园，都市疯狂的节奏和学校的混乱情形，让年少的罗兰内心充满了矛盾和困惑。

就在这个时候，罗曼·罗兰开始接触到了莎士比亚、伏尔泰等大师的作品，也正是这些伟大的作品让他那荒芜的精神领地再次重新焕发了

生机。十分幸运的是，在一次拜访朋友的途中，罗兰遇见了当时的大文豪雨果，这次会面显然给了罗曼·罗兰留下了极为深刻的印象。

罗曼·罗兰的一生中对他影响重大的艺术大师有很多，光是他为这些伟人写的传记，人们都可以如数家珍：《贝多芬传》、《歌德与贝多芬》、《托尔斯泰传》、《米开朗琪罗传》……

1889年，罗曼·罗兰从高等师范学校毕业，作为官费生前往罗马研究历史。1892年回国后，他先后在巴黎几家中学和巴黎大学教授音乐史课程。

罗曼·罗兰与音乐

在罗曼·罗兰16岁以前他所受到的音乐熏陶，主要来自于海顿、莫扎特。而在他接触到了瓦格纳和贝多芬的音乐之后，那些优美的旋律就从此占据了他心灵中最美好的位置，也成为他一生中重要的精神寄托和灵魂的避风港。

对于瓦格纳，罗曼·罗兰曾这样评价过："瓦格纳是一个严峻的古典音乐家，对于他，所有一切都服从于一个最高的道理，这个道理主宰着戏剧，统帅着主题并且不懈地发展着构思。"

1887年，由于当时法国与德国的关系恶化，一些法国音乐家以民族自尊心为由，阻止瓦格纳在巴黎演出。而在这个时候，一向标榜和谐的罗曼·罗兰为此作出了严厉的抨击，"一个强大的民族是不会害怕被另一个民族精神征服的"。这与其说是罗曼·罗兰在捍卫瓦格纳，不如说是他自己关于超国界的世界性艺术的宣言。

走进科学的殿堂

而贝多芬的音乐与罗曼·罗兰的一生都是密不可分的。罗曼·罗兰是在罗马上大学的时候深入研究贝多芬。他认为贝多芬"具有一切音乐家中最伟大的灵性"。罗曼·罗兰从那时起一直到生命的终结，都在研究贝多芬，这足以证明贝多芬的音乐和精神对于罗曼·罗兰的启示是多么的重要！贝多芬的一生就是一个天才的艺术家与多舛的命运斗争的过程。罗曼·罗兰显然被贝多芬强大的精神体系所折服，他相信贝多芬是属于那种从内心向往快乐的人。"贝多芬简直就是大自然的力量，他拒绝妥协他不认同的一切，他的一生都在奋斗！"而罗曼·罗兰一生中最伟大的巨著《约翰·克利斯朵夫》所要表达的精神和原形实际上就是贝多芬一生的缩影。

罗曼·罗兰与文学大师

人才云集

罗曼·罗兰在一生中所接触到大文豪数不胜数，雨果、歌德、甘地、里尔克、斯宾诺沙……

在这些影响他一生的巨匠们中，影响最大要数莎士比亚和托尔斯泰。

"行动、生产、创造……我明白这就是目的，就是生活的法则，我愿意这样做。"

可以说因为莎士比亚，罗曼·罗兰再次获得了新生。而这也成为他日后展露给世界的最重要的特性：思考并且行动。

年少的罗曼·罗兰对莎士比亚那些脍炙人口的戏剧充满了迷恋，他那时总是兴趣无穷地一次次地观看《哈姆雷特》、《李尔王》、《奥赛

罗》、《罗密欧与朱丽叶》这些经典的戏剧。而这也为罗曼·罗兰后来的戏剧创作，起到了潜移默化的作用。

托尔斯泰是罗曼·罗兰最景仰的一位大师。他把托翁当做自己一生的精神导师，对他的作品更是达到疯狂崇拜的地步。"阅读托尔斯泰的作品，可以让我们找到自己，这对于我们的人生是一个启示，是开往广大宇宙的一扇门。"

而让罗曼·罗兰最感动的，是他们之间曾经有过一次真诚的书信交流。

那是在托尔斯泰推出新书《那么我们该怎么办》以后，面对书中托翁对莎士比亚和贝多芬及其现代艺术的成就的不屑一顾乃至唾弃，年轻的罗曼·罗兰有些糊涂了。他不明白托尔斯泰为什么会对他当成生命的艺术进行如此强烈的抨击，他没能够理解他这位精神导师的意思。年轻的罗曼·罗兰控制不住心中的焦躁和冲动，提起笔来给他敬爱的导师，远在俄罗斯的托尔斯泰写了一封信，以此来表达自己的不解和困惑。

而在半年以后的一天，本来已经忘记了此事的罗曼·罗兰突然万分惊喜地收到了托尔斯泰这位大师的亲笔信。并且是用法文写的一封长信。托尔斯泰在信中详细地讲解了他关于现代艺术的理解，最后总结说"整个历史不是别人的，而是全人类团结这一原则的孕育过程。这一思想已被历史经验和个人经验所证明。人类最幸福最自由的时刻，就是发扬忘我精神和友爱精神的时候。理性在人身上找到了可能通往幸福的唯一道路，而感情则起到了促进作用"。

这段话对于日后罗曼·罗兰向往的"和谐"精神有着无与伦比的

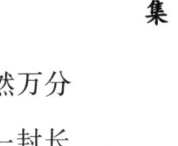

指示和警醒作用。所以说托尔斯泰对于罗曼·罗兰一生的精神体系构成是极为关键的人物。也正是在和这样的文学大师交流的过程中，使其精神生活充满了愉悦，使整个灵魂得到了无比的充盈。

罗曼·罗兰一生也遵循着这样的态度，为了全人类的幸福和平，毕生作着贡献。

罗曼·罗兰的感情生活

在罗马上大学的时候，罗曼·罗兰曾认识了一对漂亮的意大利姐妹。年少的罗曼·罗兰对她们都充满了爱慕，一时间竟然不知道自己到底喜欢她们两人中的哪一个。在自己像猜拳一样的独角戏中，暗自地体味着恋爱的苦恼。而正当他鼓起勇气试图表白的时候，他才发现两姐妹对他根本没有那方面的意思。于是这场自编自演的戏剧也到此画上了句号。对这次初恋的回忆，罗曼·罗兰在回忆录中写到"我还不懂得独立思考，却自我陶醉在感情空虚的悲歌里"。

罗曼·罗兰的处女作——《罗马的春天》也正因如此而诞生了。

罗曼·罗兰的第一任妻子是一位犹太姑娘。她的父亲是语言学家，在巴黎的学术界有着非常高的威望。

在他自己的回忆录里曾这样描述当时的婚姻生活："小小的喜悦、失望、好笑，或者奇异且有时悲伤的日子里，我们像兄妹一样互相倾诉。我们还以相同的眼光来批判这社会。我的妻子有观察与剖析心理的天分，这一点与我一致，也与我互补……我的妻子是一位音乐家，和我差不多。音乐在我们的爱情中占了很大的地位……"

看得出来，罗兰起初的婚姻生活是波澜不惊的，很和谐也很美满，但是后来的情形就发生了变化。

罗曼·罗兰在这期间创作出了很多作品。而这些剧本或是小说却很难有上演和出版的机会。因为巴黎实在太大了，而罗曼·罗兰一个外省人在这里凭着自己微薄的力量，根本无法立足。而每一次却都要妻子的帮忙，才能获得一些表现的机会。妻子始终认为，"只有被别人认可的，才是有用的东西，或者说任何创作的目的都应具有实际利益的出人头地的追求"。而这一切使罗曼·罗兰越来越感到，是在受别人的恩惠，他宁愿为了尊严而放弃现实的利益。在几次毫无价值的讨论中，罗曼·罗兰和妻子始终没有达成共识，也正因如此，二人最终结束了他们长达八年的婚姻。

离婚以后四处碰壁的生活，以及那些艰辛的体验，恰恰成了罗曼·罗兰后来创作的灵感。后来他写下了那部世界闻名的巨著《约翰·克利斯朵夫》。并且在第一次世界大战爆发的时候，写下了被众多有识之士赞誉的《超乎混乱之上》。虽然当时的法国当局对他嗤之以鼻，但他依然相信自己的观点是正确的，也是正义的。

1916年瑞典文学院宣布这一年的诺贝尔文学奖得主是罗曼·罗兰。这个已经被当时的法国抛弃的人，在得知自己获奖以后答复说："这个荣誉不是我个人的，它是属于整个法兰西人民的。如果这个荣誉有助于传播使法国在全世界受到热爱的各种思想的话，那么我会感到十分幸福的。"

这种博大的胸襟正如在《约翰·克利斯朵夫》中描写的那样，"他不知道自己满腔的热爱在四周发射出光芒，而便是在这个时候，

他自以为永远孤独的时候，他所得到的爱比世界上最幸福的人还要丰富"。

1944年12月30日，曾为祖国和世界的美好未来而不断探索和奋斗的文学家和社会活动家罗曼·罗兰与世长辞，享年78岁。

戏剧大师贝克特

萨缪尔·巴克利·贝克特（1906—1989年），爱尔兰著名作家、评论家和剧作家，诺贝尔文学奖（1969年）获得者。他兼用法语和英语写作，他之所以成名或许主要在于剧本，特别是《等待戈多》（1952年）。

1906年4月13日，萨缪尔·巴克利·贝克特出生于爱尔兰都柏林郊区福克斯洛柯的斯底劳根，确切的地点是一座名叫库尔俊纳的都铎王室建筑。在孩提时代和中小学期间，他发现自己特别喜爱体育活动，却丝毫没显露出日后博学和善于驾驭语言的迹象。

贝克特

后来他就读于三一学院，师从拉德莫斯·布朗攻读现代语言。在这里所受的教育使他的才智得到了充分地表现。1928年至1930年，贝克特任巴黎高等师范学校的语言讲师，并经常光顾咖啡厅，从而使自己步入

走进科学的殿堂

20世纪30年代令人振奋的巴黎文坛。他在这里为自己定下基调和主题，并和詹姆斯·乔伊斯、托马斯·麦格里韦等人交往。回到都柏林之后，他先在三一学院教授法语，以后有一段时间照料父亲，最后在第二次世界大战前不久在巴黎定居。他与后来成为妻子的苏珊·德克沃·迪梅斯尼尔一起参加法国地下抵抗组织活动，躲在鲁西荣生活了一段时间。战后（即1950年他母亲去世后），随着编辑和剧院老板开始发现他作品中的双语天才，于是贝克特的经济就此逐渐宽裕起来，但名声却是出乎意料地跌落。虽然他的作品日渐出名，但是他却越来越退缩到自己的隐居状态之中。

贝克特的文学历程

贝克特的文学生涯开始于他的两部非小说作品和几首诗歌，而最终则以小说和戏剧创作著称。1928年至1930年在巴黎逗留期间，贝克特为乔伊斯尚未定名的作品《为芬尼根守灵》的系列评论撰写了一篇论文。文章标题相当古怪：《但丁…布鲁诺·维柯乔伊斯》（其中的圆点代表作家之间间隔的世纪数）。人们研究这篇文章的目的通常是为了寻找贝克特日后成为天才的线索，而不是考虑它对乔伊斯作品的阐述。

《普鲁斯特》（1931年）是一篇篇幅更长的专题论文，对马塞尔·普鲁斯特小说语言的特征进行了深入详尽地探讨，同时也表现出贝克特对语言的交际作用和不确定性的复杂感受。诗歌《婊子镜》（1930年）和《回声的结构及其他急就之篇》（1935年）典故迭出，晦涩难解，除了最勤勉的学者之外，几乎没有人能够读懂他的作品。

贝克特最早的小说创作是《平庸女人的美梦》，但可惜的是没有完成。接着他写了几篇短篇小说，后来收入《刺多踢少》，于1929年出版。这部短篇小说集，仅仅因为书名，就遭到不止一家出版商的拒绝，因为他们没有意识到标题出自于《圣经》。贝克特的幽默在这些短篇中初露锋芒，同时也表现出他驾驭语言的天赋，他用精心选取的隐晦词语，代替了冗长的现实主义描写。

在回到爱尔兰照料父亲的时候，贝克特开始创作他的第一部出色的小说《莫尔菲》，但是此书在被拒绝42次之后才于1938年找到一家出版商得以出版。这是个晦涩滑稽的故事，描写一个无法就业的爱尔兰人怎样躲避工作，又是怎样卷入了一场爱情纠葛之中。《莫尔菲》暗示着即将成为贝克特自己的那种痛苦孤立的世界景象，但作者却把它掩盖在欢快滑稽的复杂情节之中——三角（或四角）恋爱，对都柏林社会底层游手好闲之辈浪漫传奇般的描写，以及穿插的教育小说成分（尽管读者开始见到小说主人公莫尔菲时他已完全长大成人，但是他却把自己缚在摇椅上，试图把自己一举摇入被人忘却的世界）。文学史家将这部著作和乔伊斯的《尤利西斯》一起归入爱尔兰的城市史诗之列。

1937年，贝克特返回巴黎，但他的文学生涯（他正靠撰写文学评论谋生）却因德国占领而告中断。他在为地下组织工作期间，写成了论文《瓦特》。这是一部关于准数学置换与复合的散文体论文，综合了十几个哲学前提。一些有识之士试图通过五种感官把难以捉摸的混乱现实组织起来，而《瓦特》则是贝克特尝试将这种复杂过程小说化，最终获得了成功。

经历过战争的混乱以后，贝克特于1946年开始创作第一部法语小

说《梅西埃与卡米埃》（1970年），翌年开始创作第一部戏剧《埃留提里乌斯信徒》。在现在看来，这两部作品只是随后十年奇迹般的文学戏剧创作的预习。在随后十年当中，他出版了三部曲巨著《马洛伊》、《马洛纳正在死去》和《无名的人》。他的剧本《等待戈多》和《结局》（1956年）也得到出版、翻译和公演，而且他还自己动手把这些作品译成了英语。这些作品为他荣获诺贝尔文学奖奠定了坚实的基础，但却使十几部类似的作品都变得黯然失色。

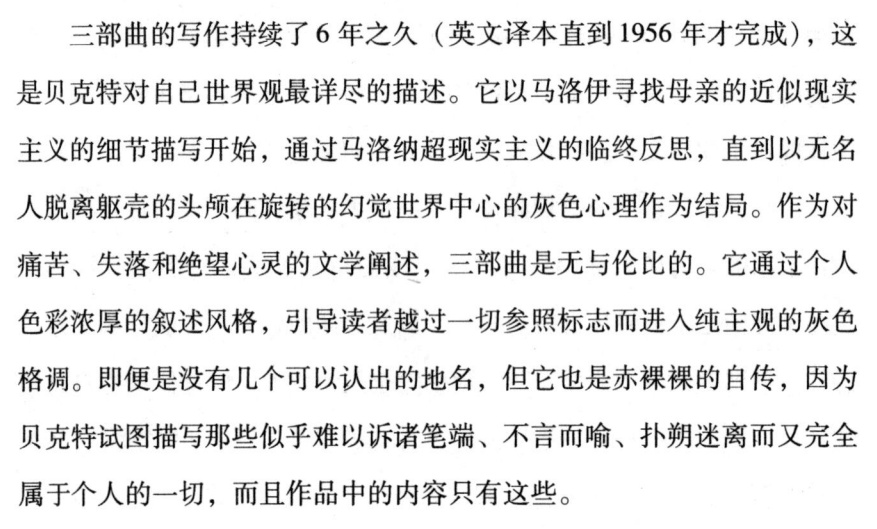

三部曲的写作持续了6年之久（英文译本直到1956年才完成），这是贝克特对自己世界观最详尽的描述。它以马洛伊寻找母亲的近似现实主义的细节描写开始，通过马洛纳超现实主义的临终反思，直到以无名人脱离躯壳的头颅在旋转的幻觉世界中心的灰色心理作为结局。作为对痛苦、失落和绝望心灵的文学阐述，三部曲是无与伦比的。它通过个人色彩浓厚的叙述风格，引导读者越过一切参照标志而进入纯主观的灰色格调。即便是没有几个可以认出的地名，但它也是赤裸裸的自传，因为贝克特试图描写那些似乎难以诉诸笔端、不言而喻、扑朔迷离而又完全属于个人的一切，而且作品中的内容只有这些。

《等待戈多》惊人的成功，反而使得贝克特声名狼藉，他不能不继续写下去，蒙受着这种惩罚。当这出戏首先在伦敦（英文译本），然后在迈阿密，最后在纽约上演时，贝克特对美国导演艾兰·史奈德说，成功或失败对他来说没有任何关系。到1980年，《等待戈多》已经在美国演出了几十场，旧金山的实验剧团还为滞留在圣昆丁的难民和参加布鲁塞尔世界博览会的人们演出。于是人们匆匆忙忙将贝克特称作荒诞派作家，认为他和欧仁·尤内斯库及品特属于同一个"流派"。评论家和报界也发现他的戏剧虽然令人困惑、沮丧，但又是非常重要的，并指出这出戏的杂耍渊源和对爱尔兰民间漫画艺术的借鉴。威维安·梅西埃称它是"一出任何事情都没有发生过的双料戏"。

这突如其来的成功，同时也意味着他要付出大量的时间。它在某种程度上促使贝克特愈来愈缩进他自己隐退的缄默之中。他拒绝对自己的作品发表任何评论，而让评论家自己到作品本身中去寻找一切答案。后来他于1955年写成《结局》、广播剧《落下的一切》（此次由罗伯特·品盖特和作者一起译成法语，1957年出版）和专门为演员帕特里克·马洁所写的独角戏《克拉普的最后一盘磁带》（1956年）。在贝克特与苏珊娜结婚并与豪尔赫·路易斯、博尔赫斯分享国际编纂奖的同年，他写出了小说《如此情况》（1961年）和戏剧《快乐的日子》。后来又写了几部小型作品——舞台剧、电视剧（其中最优秀的有写于1964年出版于1966年的《啊，乔》），甚至还有一部诗集，这部诗集难以确定写作日期，因为贝克特常常靠仔细翻阅陈年笔记并重写早年没有发表的脚本和手稿中的某些部分，以此来满足对他作品的新的需求。

尽管出版界贪得无厌的胃口与贝克特的整个艺术观点相对立，但是在一定程度上也促成了几部作品集的出版，这主要是因为许多作品太短而不能出单行本。其中格罗夫出版社出版的著名选集有：《最初的爱情故事及其他》（1947年）、《功败垂成》（1976年）、《作品散编：戏剧篇》（1976年）以及《卡斯肯多与其他短剧》（1967年）。1983年在纽约上演了由艾兰·史奈德执导的三出短剧《俄亥俄州即兴》（1981年）、《灾难》（1982年）和《什么·哪里》（1983年），三个短剧于1984年结集出版。

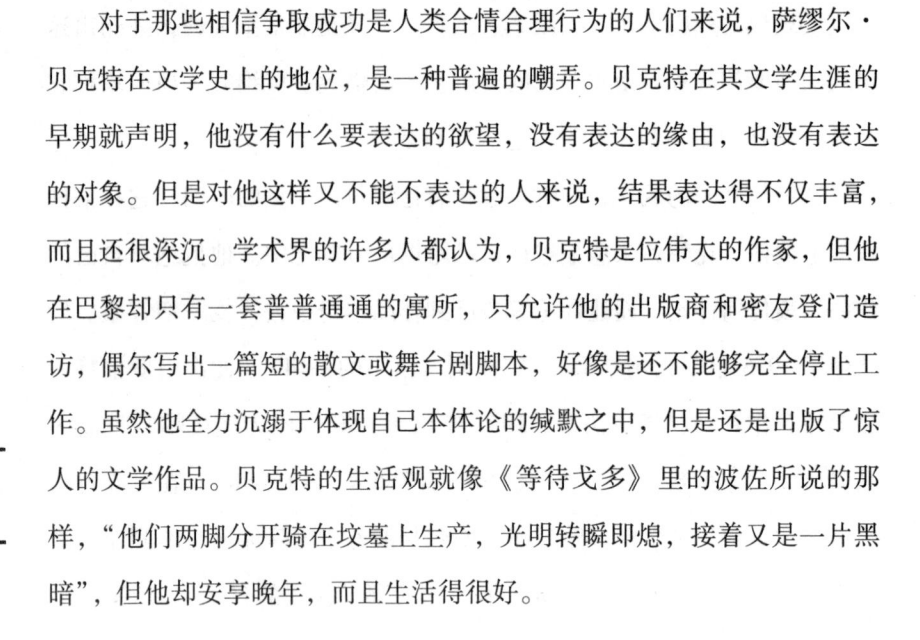

对于那些相信争取成功是人类合情合理行为的人们来说，萨缪尔·贝克特在文学史上的地位，是一种普遍的嘲弄。贝克特在其文学生涯的早期就声明，他没有什么要表达的欲望，没有表达的缘由，也没有表达的对象。但是对他这样又不能不表达的人来说，结果表达得不仅丰富，而且还很深沉。学术界的许多人都认为，贝克特是位伟大的作家，但他在巴黎却只有一套普普通通的寓所，只允许他的出版商和密友登门造访，偶尔写出一篇短的散文或舞台剧脚本，好像是还不能够完全停止工作。虽然他全力沉溺于体现自己本体论的缄默之中，但是还是出版了惊人的文学作品。贝克特的生活观就像《等待戈多》里的波佐所说的那样，"他们两脚分开骑在坟墓上生产，光明转瞬即熄，接着又是一片黑暗"，但他却安享晚年，而且生活得很好。

1969年诺贝尔文学奖授奖辞

这是瑞典学院常务理事卡尔·拉格纳·吉罗所写的关于贝克特获诺贝尔文学奖的授奖辞：

如果将敏锐的想象力和逻辑掺拌到荒谬的程度，结果将是一种似是而非的诡谲，或是一个爱尔兰人，如果是一个爱尔兰人，这似是而非的诡谲会自动地包含于其中。诺贝尔奖确实曾有被分享的情况出现，有趣的是，今年正发生了这种情况：一份诺贝尔奖颁给了一个人，两种语言和第三个国家，而且是一个分裂的国家。

萨缪尔·贝克特于1906年出生在都柏林，将近半个世纪之后，他才在巴黎扬名于世界文坛。3年之内出版的5部杰作立刻使他一跃成为文学界的泰斗。这5部作品分别是1951年出版的小说《莫洛依》及其续集《马洛纳之死》，1952年出版的剧本《等待戈多》，1953年出版的《莫洛依》的第二部续集《无名的人》及另一部小说《瓦特》。这一系列作品的问世，使作者在现代文学中大放异彩。

上述的年份只是指这些书的出版时间，不同于其完稿的年代及写作顺序。这些作品的雏形必须追溯到当时的环境以及贝克特思想的早期发展。也许只有求助于贝克特近年的作品，才能够了解到他的文学起点以及小说《莫洛依》，以至作家乔伊斯、普鲁斯特分别在1929年和1931年对他产生的重要影响。这位小说与戏剧的新表现形式的先锋，是承袭了乔伊斯、普鲁斯特和卡夫卡的文学传统，而他早年的戏剧创作则是植根于18世纪90年代的法国文学和阿尔弗雷德·雅里的《于布·王》。

从某种角度上来讲，小说《瓦特》的非凡创作可以看作是贝克特文学生涯的转折点。久居巴黎的贝克特于纳粹占领后设法逃到了法国南部，并在1942年至1944年间完成了这部作品。在这本书中，他告别了使用多年的英语而开始用法语写作，由此使他一举成名。直至15年后他才恢复使用母语进行写作。他完成了《瓦特》后，开始着手另一部新作，这个时候气氛也变了。他的其他成名作写于1945至1949年间，都以二战为题材。大战后他的作品已趋于成熟，展现出自己独特的风格。

第二次世界大战对贝克特的影响既不是战争的实际意义，也不是前线的战事或是他自己曾参加的"抵抗运动"，而在于重返和平后的种种：撕开地狱的帷幕，可怕地展露出人性在强制命令下服从的本能，已经达到了非人道的堕落的程度，以及人性如何在这场掠夺下依然能残存

不灭。因此，贝克特的作品一再把人的堕落作为主题，而他所表现的生命态度，更强调了生命存在的背景犹如闹剧般地既怪异又悲哀，这可以说是否定论——一种在完成全部历程前不能受干扰的否定论。它必须继续到底，因为只有那样，才会发生悲剧思想和诗境显示的奇迹。

这种否定一旦形成了之后，它能给我们什么呢？一种肯定的愉悦的意象——在其中，黑暗本身将成为光明，最深的阴影将是光源所在。它的名字是同情。有着无数的前辈。亚里士多德自希腊悲剧中发展出他的经由同情和敬畏的"净化"理论。而否定形成的意象，不只是希腊悲剧中恐惧的积累。人自叔本华深沉痛苦中得来的力量超过了谢林的爽朗天性。人在巴斯卡苦闷的怀疑中找到的神的恩宠，胜于莱布尼兹盲目信仰理论上各种世界的美好。我们再度审视爱尔兰文学遗产对贝克特作品的影响——他获益于狄恩-斯威夫特对人类黑暗狂暴的描绘，远远超过奥立佛·哥尔斯密斯苍白的田园牧歌。

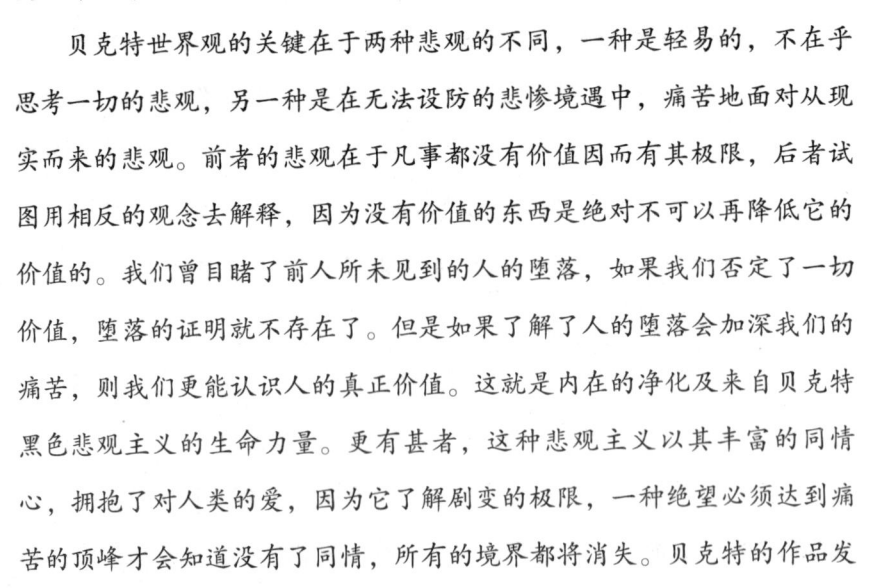

贝克特世界观的关键在于两种悲观的不同，一种是轻易的，不在乎思考一切的悲观，另一种是在无法设防的悲惨境遇中，痛苦地面对从现实而来的悲观。前者的悲观在于凡事都没有价值因而有其极限，后者试图用相反的观念去解释，因为没有价值的东西是绝对不可以再降低它的价值的。我们曾目睹了前人所未见到的人的堕落，如果我们否定了一切价值，堕落的证明就不存在了。但是如果了解了人的堕落会加深我们的痛苦，则我们更能认识人的真正价值。这就是内在的净化及来自贝克特黑色悲观主义的生命力量。更有甚者，这种悲观主义以其丰富的同情心，拥抱了对人类的爱，因为它了解剧变的极限，一种绝望必须达到痛苦的顶峰才会知道没有了同情，所有的境界都将消失。贝克特的作品发自近乎绝灭的天性，似已列举了全人类的不幸。而他凄如挽歌的语调中，回响着对受苦者的救赎和遇难灵魂的安慰。

这在贝克特的两大杰作中或许表现得最为明显，《等待戈多》和《啊，美好的日子》都可被视为圣经的注释。例如在《等待戈多》中有这样的句子："你是那将要降临的还是我们要再等待的另一个呢？"剧中两个流浪汉必须面对的，是以野蛮方式残忍而无意义地生存着。这可以说是一部比较富有人性的剧本，没有法律比创造本身更为残忍。而人在创造中唯一占有的地方，是出自他有心恶意地将其他法律加诸其上的事实。但倘若我们想象有一个神，一个创造了人类能忍受无尽痛苦的神，那么我们正如剧中的两个流浪汉一样，将以何种方式相会于某时某地呢？贝克特对这个问题的答案就是剧本的名字。到剧终时我们仍未弄清戈多的身份，就像我们到了自己生命的最后一幕仍不明白一样。但我们明白一件事，无论经历怎样的折磨，有一种东西是永远磨灭不了的，那就是希望。《等待戈多》中简单地描绘了人类面对永远的、不可料知的等待，所做的形式上的抉择。

在另一剧本中，圣经的引喻多和人的现实选择相关，他们彼此的关系，就像在旷野里听到了喊声。贝克特在剧本的解说中，针对了一个无望地坐在沙漠中的不负责任的幻想加以说明，但主题则是另一回事。外在发生的是一个与世隔绝的人逐渐被越积越多的沙子覆盖，直到他完全被埋葬在自己的寂寞中。但一样东西始终矗立在令人窒息的沉默中，那就是他的头和他在旷野里的喊叫。人只要活着，就有一种不可磨灭的需求，在寻找自己的同类，和他们说话，互通讯息。

瑞典学院对于萨缪尔·贝克特未能在今天与我们同在深感遗憾。不过他选了首先认识到他作品重要性的巴黎出版商林东先生代表他,前来接受奖金。现在就请林东先生从国王陛下手中领取他所颁发的诺贝尔文学奖。

评论界对贝克特获诺贝尔奖的反应

报界绝没有忽略贝克特荣获诺贝尔奖的讽刺意义,它注意到瑞典文学院为这样一个人大唱赞歌与其宗旨并不和谐:他的作品认为人的任何努力都没有希望,没有意义,没有价值,此外他多年来一直抵制成为名人的冲动(他朋友的而不是他自己的冲动)。然而,在认为贝克特的作品太压抑(好像贝克特个人应该对他的所见所写负责)的诋毁者面前,瑞典文学院却因敢于承认贝克特贡献的重要性而赢得了赞誉。有些文章回顾了1964年让·保尔·萨特出于政治原因而拒绝受奖的情况。有些文章则提及贝克特早年在巴黎期间与詹姆斯·乔伊斯的联系(这种复杂的思想交流被说成是师生关系,实在是新闻界过于简单化的典型)。这种"爱尔兰联系"大大超越了乔伊斯与人交往的性质。欧美报刊以大量篇幅报道了都柏林对贝克特获奖所作出的反应,并报道了该城对这位流落在外的本地人的热诚。随后是上演贝克特的作品,最引人注目的是阿贝剧院1969年12月上演了《等待戈多》。这一切都突出了爱尔兰信仰的民族特性。

从报刊上试探性的、不置可否的措辞可以清楚地看出,新闻界极少有人真正熟悉贝克特的作品。有些报纸满足于刊载其散文作品的长篇片断;有些报纸则登载在办公室卷宗中找到的作家星星点点的传记细节。

各种各样的解释性的尝试更是笑话百出：有的信息不确切但又自作聪明；有的不是引文有误，就是标题用错；还有的竟把肯尼思·廷楠擅自在《啊！加尔各答》（1969年）序幕的舞台导言中加进的一句也归于贝克特。然而比较如意的尝试毕竟还是有的：如伦敦的《泰晤士报》（10月24日）载文说："贝克特的作品，就像一篇篇的乐章，十分精确地表现了它要表达的意义，多一点或少一点都会将其毁掉。"当学者们应邀就授奖反应撰稿时，他们便借机批驳那些认为贝克特的作品压抑、消极和虚无的"乐观主义者"，积极为贝克特辩护。贝克特的支持者们指出，他的作品富于自然景致的简约之美，语言表述清晰，并具有在本体论的虚无面前也能深深感到的幽默。查尔斯·马罗威茨（《纽约时报》，11月2日）这样评价贝克特的作品：

"其有益之处在于它的毫不动情。从他对绝望的准确描写里，人们会得到对于虚无更为清晰的概念，以及如何在这一片靠不住的原野上纵横驰骋。推向极端的悲观主义必然会产生出高雅和完美。"

人们普遍接受的反应是，一个在字里行间中如此彻底、如此赤裸裸地暴露自己的人，有权不再涉足社会。由于缺乏通常为报界提供背景材料、但与获奖本身并无多大关系的私人交谈式的采访，学者们开始通过贝克特迄今为止发表的作品来进行回顾：回顾《等待戈多》的演出，引证剧作家对哈罗德·品特、汤姆·斯托帕德以及其他荒诞派作家的影响。随后几年，出现了对贝克特进行专门研究的繁荣景象：从1970年雷蒙德·费德曼和约翰·弗莱彻合著的贝克特作品书目开始，到欧美各地纷纷成立贝克特研究会而达到高潮。

走进科学的殿堂

和平使者巴尔奇

人才云集

　　巴尔奇，1867年1月8日生于美国马萨诸塞州的波士顿，1946年，荣获诺贝尔和平奖，1961年1月9日死于马萨诸塞州的剑桥，享年94岁。

　　1889年，巴尔奇获宾夕法尼亚州的布林马尔学院文学学士学位，此后还在巴黎大学学习政治经济学。1891年任波士顿儿童援助协会会员，1892—1893年任波士顿平民福利协会主席，1896—1918年在马萨诸塞州韦尔斯利学院任教，1913年晋升为教授，1918—1919年任《民族》杂志编辑，1919—1936年先后担任妇女争取和平和自由国际同盟的秘书、美国分会执行委员等职。1946年，巴尔奇获诺贝尔和平奖。

　　巴尔奇的主要著作有：《给法国穷人以公共援助》、《我国的斯拉夫移民》、《海牙的妇女：国际妇女大会和它的成绩》、《临近大解决》、《被占领的海地》、《生活奇迹》。

和平与自由联盟的创始人

埃米莉·格林·巴尔奇从事经济学研究。她身材修长，穿着长及脚面的黑色裙子，白衬衣上镶有一个与裙子搭配的黑色的蝴蝶结。深色的头发束在脑后，脸的轮廓清晰，表情严肃，一副眼镜后面是深灰色的眼睛，嘴的线条很坚定，高高的额头。她看起来很从容、镇静，表现出很强的个性。从1896年到1919年，她在韦尔斯利学院教书，是学院的全职教授。她是世界妇女运动的和平主义者和积极分子，是国际妇女组织——和平与自由联盟的创始人，发表过很多专著。

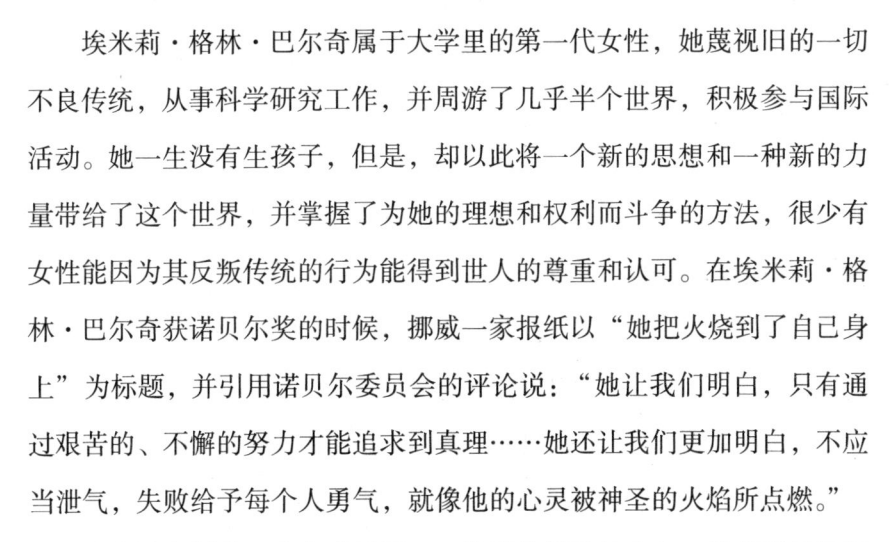

埃米莉·格林·巴尔奇属于大学里的第一代女性，她蔑视旧的一切不良传统，从事科学研究工作，并周游了几乎半个世界，积极参与国际活动。她一生没有生孩子，但是，却以此将一个新的思想和一种新的力量带给了这个世界，并掌握了为她的理想和权利而斗争的方法，很少有女性能因为其反叛传统的行为能得到世人的尊重和认可。在埃米莉·格林·巴尔奇获诺贝尔奖的时候，挪威一家报纸以"她把火烧到了自己身上"为标题，并引用诺贝尔委员会的评论说："她让我们明白，只有通过艰苦的、不懈的努力才能追求到真理……她还让我们更加明白，不应当泄气，失败给予每个人勇气，就像他的心灵被神圣的火焰所点燃。"

坐在波士顿的一家咖啡馆里，一位满头银发的女士，若有所思地抚摩着杯子，似乎要看穿这只杯子，仿佛那里藏着很多的回忆。她就是埃米莉的一个侄女艾伦·艾彭海默。她曾陪着姑姑到世界各地旅行，当埃米莉获诺贝尔奖的时候，她也陪伴着姑姑，乘船前往奥斯陆。这位当年的艺术教育家和画家说，已经很长时间没有人提起她的姑姑了，年轻人对她的姑姑不感兴趣。埃米莉是一个"了不起的人"，"性格很稳定"，没有"怪癖"。"但是，这一切已经过去很久了"，她和缓地描绘着她的姑姑，就像一小幅美丽的水彩画。

聪慧的女孩

埃米莉·格林·巴尔奇是一个性格直率、简单明了的人，也没有特别的使人怦然心动的美貌。她只是一个很有教养的姑娘，有虔诚的宗教信仰。1867年1月8日，她出生在维多利亚时代后期的新英格兰地区的一个大家庭里，是6个兄弟姐妹中的老二。父亲弗朗西斯是波士顿的一名律师，他的工作是查尔斯·萨默参议员的秘书。埃米莉认为，她熟识的同父亲一起工作的都是"最忘我的人们"。她的母亲玛丽亚曾做过短时间的教师工作，性格直率，对生活充满希望，这使她在女儿的一生中占有相当重要的位置。

巴尔奇生活在一个自由派的家庭，全体家庭成员休戚与共，团结互助，相互坦诚并都是受过最好教育的精英。每个家庭成员随时都能把自己的密友带到家里来，有时甚至20多人围坐在桌子旁，排练戏剧、朗诵或讨论文学作品。

孩童时代的埃米莉是一个聪颖的姑娘，她如饥似渴地读了许多书。她能讲德语和法语，7岁的时候她就已经能使用字典了。她以优异的成绩从波士顿私立女子学校毕业。父亲无私的博爱主义、母亲乐观豁达的性格和家庭里温暖的亲情都在埃米莉幼小的心灵里留下了深刻的印象，她从中理解了在纯粹形式下的"社会权限和职能",就是今天被人们称作心理学的东西。埃米莉以此"促使"人们互敬互爱。

记得有一次,8岁的埃米莉向她的母亲抱怨:一个邻居家里的小女孩让她实在不能再忍受下去了,因为无论做什么事她都要当第一。母亲看着埃米莉,然后面带微笑地问她:"那是不是你同样也老想当第一呢?"这使她第一次有意识地认识到自我,这件事直到成年以后,埃米莉依然记得非常清楚。梅塞德斯·M·兰达尔在其巴尔奇传记里作了这样的评价:在你评论别人之前,眼睛首先要看看你自己——这是埃米莉做人的准则,她的一生都实践着这一准则。这个准则使埃米莉的人格具有一种和谐的安宁,一种说不出的高贵,甚至使她的声音都显得那么温柔而富有韵律。她是一位波士顿的不合潮流的女人。

世界观、哲学观的形成

日子堆积成了年龄,在长大成人之后,埃米莉参加了一个宗教宣誓。那是在教堂里举行的一次激动人心的弥撒之后,埃米莉响应了牧师提出服务社会的号召。明明知道这肯定是非常困难的,但埃米莉还是参加了宣誓仪式。作出这个决定是非常严肃的,因为其内容就像修女的宣誓一样神圣。许多年以后,她说过,从那时起她从未破坏过自己的誓言。

埃米莉具有"执着的信仰"和"温文尔雅的善良",她既不咄咄逼人,也不自私自利,但却是过于简朴和博爱了。她的侄女回忆说。当然,这些品格是非常必要的,因为她知道,在今天的社会里,树立在人

们头脑中的是实用主义的价值观。

的确，埃米莉·格林·巴尔奇做的是很伟大的事业。

就在妇女们在社会上还处于附属地位的时候，埃米莉就打算无论如何也要读书。在"我们最亲爱的母亲"去世以后，埃米莉受到了巨大的打击，心里备受煎熬，由此，她读书的愿望也更加强烈。父亲为了抚平她的悲痛，建议她到国外去散散心。1885年4月6日，埃米莉在日记里写道："他们建议我应该到国外去看看。"7日接着说："决定了。"她同一个朋友的全家一起踏上了前往欧洲的旅程——这是她具有一个整体的世界轮廓的最初感受，也是她做一个世界公民的哲学观形成的开始。

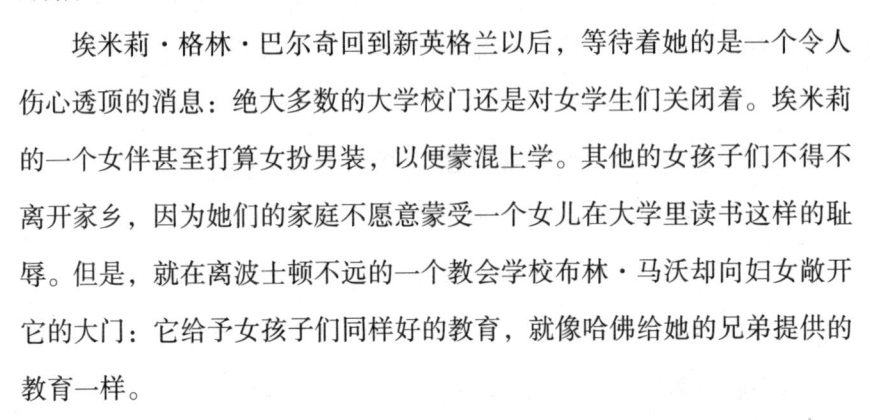

埃米莉·格林·巴尔奇回到新英格兰以后，等待着她的是一个令人伤心透顶的消息：绝大多数的大学校门还是对女学生们关闭着。埃米莉的一个女伴甚至打算女扮男装，以便蒙混上学。其他的女孩子们不得不离开家乡，因为她们的家庭不愿意蒙受一个女儿在大学里读书这样的耻辱。但是，就在离波士顿不远的一个教会学校布林·马沃却向妇女敞开它的大门：它给予女孩子们同样好的教育，就像哈佛给她的兄弟提供的教育一样。

1886年，埃米莉与父亲商量后，同父亲来到了学院。布林·马沃已经成了有求学愿望的姑娘们的圣地了。当时只有28岁的女院长凯里·托马斯不久前也还是一个女学生，刚以优异成绩从苏黎世大学毕业。在她领导期间，学院掀起了知识界的解放运动。这位年轻的院长在日记里写道：她生活的一个目标就是要表明，"妇女能同男人一样学习，发展智力，并能同男人在文学和科学等广大领域内进行竞争。"

这个思想和目标是埃米莉一生中不断追求的东西。她刚入学的时候，选择的是文学专业。她在一生中写下了她的思想和经历——在小纸片上，在装订纸上、笔记本上和日记里。她什么都记，但是，没有人能认识这些字。书籍塑造了她的思想，是她最好的老师。

"从荒芜的草原里"，埃米莉用自己沉着的方式追寻着这个召唤。她更换了自己的专业，选择了当时妇女们从不涉及的经济学和社会学，为了不仅在美学方面，而且在伦理学方面也能有所研究。她"从未对她的决定后悔过"，因为，"社会的后悔是不存在的"。对于她来说，关于为生存条件十分恶劣的人们提供社会帮助的书籍才是活生生的教材："在我生活的周围环境里，从不缺少爱和无微不至的关怀，还有舒适和各种保障。"社会中存在的不公正和贫困深深地触动了埃米莉，并使她认识到："这种事情不应当是普遍存在的。"她深深感觉到自己的责任十分重大。

为了改造社会而学习，逐渐成为她的座右铭。由于巴尔奇在布林·马沃出众的毕业成绩，她得到了一个更好的机会：一个当时学院所能给出的最高奖励——到欧洲学习一年的奖学金。埃米莉却在这个成绩下保持了克制，因为按照她的看法，她认为自己的成绩还不够获取这项奖励。学院对此却有另外的观点："作为22岁的女性，她有着非凡的能力，高尚的美德，很强的既谨慎又沉稳的判断力，乐于助人，她从各方面都非常符合学院的奖励。"

埃米莉是小姑娘的时候，父亲弗朗西斯·鲍尔奇喜欢把道德纯洁和性格沉稳睿智的她叫做"圣女贞德"。若干年后，埃米莉志同道合的朋友，也是美国第一位诺贝尔和平奖的女获奖者简·亚当斯经常对别人介

绍说:"她是我所见到的最有道德的人。"事实上,这个特点也正是困扰了埃米莉一生的内心矛盾,比如:她应该怎样才能像父亲教育的那样做到无私;怎样坚持博爱主义的信仰;怎样才能把19世纪末期妇女的社会从属地位能与她的"成为一个平等的人"的理想联系起来?在她青少年时代的日记里,一再谈到困扰她的问题,那就是个人主义思潮越来越扩散。

学术生涯

1890—1891年,巴尔奇在巴黎大学学习政治经济学,这段时间的学习使她感到很吃力,也很不满意。她做的课题是《法国对贫困的政府救助》,但是,她却很难找到答案。她很迷惘,不知道自己在消除社会贫困方面应该从事实际工作还是理论工作。1892年,当她在巴黎被称做"知识分子"的时候,她回到了美国,并参加了一个关于实用伦理学的暑期学校。通过学习,她感到她的知识完全是来自书本,根本不能解决现实生活中的问题。

就在这个时候,为了使自己对社会更加有用,能为社会做点事,埃米莉结束了她与简·亚当斯及另外一些同她一起建立波士顿社会机构组织的受过高等教育的妇女们的友谊。一系列的错误接踵而来,因为那时不仅埃米莉一个人这样认为:她取得的优异学习成绩,必须用社会工作来回报社会。她力图在工作中取得更大的成就,尽管很多人都非常钦佩她是"善良的波士顿贵族",但是,她还是对自己的工作不满意。伴随她一生的内心冲突越来越清晰:有益的社会工作与纯粹的学术研究工作能否同时兼顾并且卓有成效？

不断开阔的知识视野和善良的心地使她对自己产生了怀疑。实际上，这位年轻的女性在很早的时候就已经认识到，对别人宽容实际上也是对自己宽容，是由我们行为中的无意识决定的。她在日记中强调说："你能够做得这么好，但是必须承认，你对不完美并不负责。"或者，"你要有耐心，而且要公正。"

最终埃米莉不再热忱于社会工作，而是全身心地投入教学与研究。她像"一个长长的杠杆臂"那样，为年轻人讲解社会责任的重要性。她继续在芝加哥大学进行社会科学的研究。在柏林大学度过了一个学年，作为一个特别好奇的学生，她没少挨骂。在德国，她第一次接触到了社会主义思想，这一思想被当时欧洲的许多学生满腔热忱地当做创造一种未来美好社会的前景。埃米莉被这个新思想震撼了、吸引了。

1896年，在回美国的轮船上，她意外地遇见了韦尔斯利学院的女教授凯瑟琳·科曼，科曼教授给埃米莉提供了一个学院里的职位，这个著名学院的职位吸引她的，不仅仅是学院离她父母家不远，更重要的是因为这是一个非常幸运的职业机会，因为她极力想要找一个与她父亲的职业相近的工作。韦尔斯利学院肯定给她"提供了一个长达20年以上的幸运职位"，但是，她的职业生涯却突然在1919年中断了。

在最初的工作中，这位29岁的高校女教师充满了高涨的热情和革新的幻想。她在经济理论、统计学原理、工人运动和社会主义史等课程中，把社会生活中的实际情况结合起来。特别让她的父母和同事们感到吃惊的是，她居然带领她的学生们到波士顿的贫民区和妓院去，调查和研究那里人们的生存情况。

走进科学的殿堂

巴尔奇最擅长的关于移民问题的课程是她的专业领域,她对美国移民的生活状况有很深刻的研究,而这些人的生活则或多或少受到忽视。为了完成她的学术著作《我们的斯拉夫同胞》,她多次往返东欧和美国境内所有的斯拉夫移民居住区。这部书于1910年出版。在科罗拉多州一个偏僻的、没有女人的淘金营地里,埃米莉得到了她一生中的一次,也是唯一的一次求婚:在一次散步时,一个矿工非常礼貌地向她求婚。她冷静地告诉这位矿工,她是教授,她每月挣多少钱,等等。一场关于婚姻的谈话就没有任何结果了。

女教授巴尔奇一直为她的工作——社会改良而活着,其他所有的东西都是属于第二位的。她是一个真正的理想主义者,她认为,人应当承担责任,每当事情的发展并不令人满意的时候,就要作出牺牲,或者施善。她说:"我不能确定,迫使我做这些工作的是来自我的宗教信仰,还是内心的冲动,或者是狂热主义的表现。"

巴尔奇常把礼仪看成是累赘和负担,她没有时间和耐心去穿衣打扮,她对时装毫无兴趣,她只是爱好翻来倒去地戴帽子。

巴尔奇在当学生时就发表了一篇题目为《传统习惯的弊端》的论文,她在其中论证说,对个人的道德行为来说,如果环境迫使他不得不打破传统规定的时候,他就应该用自己的方式去打破它。

不屈不挠的和平追求者

1906年12月31日,巴尔奇从东欧回来以后写道,她已经决定了,"把自己叫做社会主义者"。虽然她很清楚,"这里面肯定存在着与社会主义之间的某些误解，但是，我希望，也会有一些正确的理解"。她曾经同社会主义思想进行过长时间的斗争，因为在马克思主义的几个命题上，她对马克思的观点持着相左的看法。后来，一件小事最终使她明白了，只有从博爱的角度，她才可以被算作"社会主义者"。"在布拉格，一个令人无法忍受的寒冷冬天的早上，我看见了一个男人，赤手在一个垃圾桶里寻找点能吃的东西。耀眼的阳光下，我看到的却是这样的贫困和饥饿——而且，是赤手在冰冷的垃圾里寻找一点能吃的东西。"她的研究更加增强了她的社会责任感，并且还使她更加坚信，"一个彻底的社会变革是必要的"，即建立一个更加公正的社会。

1914年，第一次世界大战爆发了，这给巴尔奇的人生追求带来了沉重的打击。在她看来，战争是社会发展过程中一个极大的、灾难性的倒退。埃米莉知道，"我们共同的社会和经济秩序，我们的价值观、我们的权利和最高理想都与战争紧密地联系在一起"。

埃米莉把她的和平主义看作是由简·亚当斯领导的一场十字军东征。从1916年到1918年，她向韦尔斯利学院请假，以便集中精力投入到争取和平的运动中去。她是很多社会团体组织的创始人之一，这些著名的社会组织曾帮助美国从战争中摆脱出来，比如"美洲反对军国主义联盟"，还有"妇女和平党"。

1915年1月25日，在华盛顿新维拉德饭店的大舞厅里，3000名和平党成员集会。作为唯一一家报道了这次集会的《独立报》报道说："集会发表了宣言，正如我们所想象的那样，充满了道德精神上的激情……集会是激进的，嘈杂的，国务政治家式的，建设性的。妇女们说，我们有权在家庭里，在学校里，在教会里，在工业领域和在国家事

务中参与关于战争与和平的决策。"

妇女们在继续往前走,因为这只是她们的第一个行动。1915年4月,"诺尔丹"号汽轮的甲板上聚集着42位不寻常的乘客,她们是美国的妇女精英团。其中有律师、医生、文学家、科学家,她们都是最勇敢的妇女,穿越布满水雷的海域前往战争中的欧洲,去做一个祈愿和平的弥撒。她们是前往哥本哈根,参加一个历史上唯一一次这样的世界大会。简·亚当斯和埃米莉·巴尔奇也在这些妇女当中。

来自世界不同民族、不同阶层、不同政治派别的妇女们,在世界大战的中心地区共同呼吁,共同工作,反对这场罪恶的战争,要求尽早地结束它,并且起草一个防止未来发生战争的纲领。"在大会上,敌对的人们不顾本国政府或者家庭的态度而互相讲话,她们的背叛行为被看成英雄主义的一种新形式"。渴望和平的妇女们勇敢地要求:建立一个国际法院,一个国际军事警察机构,世界海域国际化,保证战略海域航道,还有所有妇女应该享有选举权。

哥本哈根大会结束时,大会决定向中立国家派遣和平使者,请这些中立国家发挥调节作用。埃米莉和另外4名妇女被派往"欧洲的北大门"斯堪的那维亚国家和俄国,因为埃米莉的语言知识使她成为最佳的人选:她学过希腊语和拉丁语,能流利地讲德语、法语、意大利语,她的俄语、捷克语、波兰语和荷兰语也同样流畅。她的乐于助人的热心肠和甘愿妥协的性格是众所周知的。她用各种不同的语言同国王们、总理们和总统们进行讨论、交流。

她们的主要目的是,召集所有中立国家,成立一个仲裁委员会,以此对侵略国施加影响。经过在战区的数月奔走,最后一站的结果令人十

分沮丧，她自己国家的总统威尔逊不出面充当调停人，竟于1917年4月2日在白宫宣布：美国参战。

在这以后，和平者的集会被禁止，他们在大街上被跟踪。军队宣布：非美国人禁止集会。报纸上的通栏标题是："国家正处于战争状态"。和平主义者在《纽约时报》上声明："我们不需要战争"，或者在华盛顿国会前举行抗议示威活动。

在战时做一个和平主义者就意味着个人职业生涯上的飞黄腾达将结束。没有人比埃米莉本人更清楚地知道，她将葬送掉自己的教授职位。1919年，韦尔斯利学院管理委员会决定，根据很多同事的意见，不再执行曾经给予她的长达20年的教职年限。理由是：人们怀疑她"是否奉公守法"。

巴尔奇突然就这样成了一个没有工作、没有退休金的人。于是她放弃了为学术自由而走上法庭的选择，而采取了一种符合她的性格的叛逆形式：当她得知被辞退的消息后，从不吸烟的她立刻将自己陷入了烟雾之中，而不准吸烟是校园里的禁令。她以她惯用的简明扼要的方式指出，"韦尔斯利学院有名的宽容大度"被人滥用了。当然，她自己也承认这是令人惊奇的事情。

像其他和平主义者一样，埃米莉也处于孤立的境地以及战争狂热分子的包围之中。在她被辞退数周之后，她的名字和简·亚当斯一起被列上了一个称之为"国家颠覆者"的官方名单。尽管面对如此恶劣的险境，她作为政治上的先锋者，仍然锲而不舍持之以恒地继续为争取和平而艰苦工作，同时也是不为人所注意的、没人感激的、看起来毫无意义的、循环往复的工作。

走进科学的殿堂

1919年，妇女代表大会再一次在苏黎世召开，苏黎世是"和平与自由国际妇女联盟"成立的地方，今天这个组织已经是有着几千名成员的一个世界范围的组织了。同时，埃米莉被选为财务部长和秘书长，简·亚当斯担任主席。

联盟成立以后，联盟的总部搬到了日内瓦，这个"国际宅院"离国民议院的会议厅不远。埃米莉在那里工作了3年，她负责筹备会议，发函，撰写备忘录和请愿书。这个为联盟而活着的、严厉的、无畏的妇女，总是站在简·亚当斯的光环下，甘愿待在第二排的位置上。但是，她内心燃烧着的热情却从未熄灭过。为了传播和平与自由的思想，她到北非、中东、巴尔干地区，到处宣讲她的主张："我们能够与社会主义者和非社会主义者，与天主教和教友派，与不可知论者和自由主义者和睦共处"，但是，我们绝不能容忍"吃人的暴力存在"。

此时，58岁的埃米莉第一次感到了筋疲力尽，她常觉得浑身乏力和神经衰弱。1925年，她回到了新英格兰，并与两个女朋友在韦尔斯利学院里共租一套房子住。她把这座房子叫做"多米希克"。她是一个喜欢鲜花和热爱大自然的人，她在门前和房后的花园里种满了郁金香花，并悉心照料它们。

尽管如此，她仍然关注着世界上最新发生的不幸事件。从1929年到1939年之间，带给人们的是一个世界范围内的沮丧和萧条，破产了的裁军谈判，墨索里尼占领阿比西尼亚（今埃塞俄比亚），日本入侵中国，希特勒吞并奥地利和捷克斯洛伐克。这些严峻的事件摆在埃米莉和她的志同道合的同事面前。不幸的是简·亚当斯于1935年5月去世，这对和平运动也是一个巨大的打击和损失。

当她刚刚抚平了命运给予她的创伤的时候，这年底她又获得了一个更大的慰藉：韦尔斯利学院邀请她在"美国日"，就是1918年的停火纪念日，作一场大报告。另一个好消息接踵而来：1937年，她被"和平与自由国际妇女联盟"选为荣誉主席，成为她的好朋友亚当斯的继任者。

荣誉纷纷而至，使巴尔奇备感鼓舞，也给她带来了巨大的力量，她撰写并散发关于裁军问题、航线国际化等问题的文章。而且，总是一而再、再而三地回到她认为最重要的老题目上——和平。她把世界看成是"走向一个文明星球的半路上"，并为建立"一个能够调停国家之间冲突的，超越民族国家概念的权威机构"而奔波。国际联盟是她向所有的政府提出的建议。她的关于热点地区国际化的建议后来被美国政府所采纳。不言而喻，她还面临着更大的挑战，预示着困难重重。

第二次世界大战使她陷入了深刻的内心冲突之中，这使她经历了一个长时间的、非常痛苦的思想斗争。这场思想斗争从没有过输赢结果。由于第三帝国的恐怖恶行，她逐渐离开了绝对和平主义的路线。她的同事们批评她的新主张，联盟内部开始出现了分裂。埃米莉为之奋斗的一切，看起来似乎正处于崩溃过程中。在1942年，所谓的世界上各国关系的日益紧密，友好合作的国际组织等等，甚至正在走向一个危险的迷途。但是，埃米莉并不打算放弃她们曾经努力做过的事情，她说："就是在最困难的时刻，我们也不动摇。如果我们动摇了，那我们至少还希望着，我们正走在通往解放的路上。"

在和平事业中走向辉煌

也许，这就是成功者精神的体现——前进、前进、再前进。1946年，作为当选主席，她正同约翰·R·莫特在谈话，而她因为严重的支气管炎住在医院里。她是唯一的被全票提名的获奖人，就是说，阿尔弗雷德·诺贝尔的所有三项要求她都做到了：为各民族间的兄弟般友谊，为了废除和削减军队，为了举行和促进和平会议的召开做了最大的努力和最多的工作。但是，作为一个爱国者，她认为，"自己的祖国是地球"。她还谦虚地提出，虽然获得了这个荣誉，可是，她的贡献比其他为争取和平而斗争的人的贡献要小得多。与简·亚当斯相比，自己的工作只是很小的一部分，诺贝尔奖这个荣誉对妇女联盟来讲具有一个象征的意义。

在侄女的陪伴下，1948年埃米莉访问了挪威。在由于病痛而推迟了两年之久的获奖发言的前一天，挪威国王接见了她，她已经是79岁的、弱不禁风的、骨瘦如柴的样子了。国王像一个老朋友那样问候她。曾在30多年前，埃米莉作为和平使者已经同这个挪威人讨论过，并用她那坦率的、略带一丝嘲讽的目光交锋过。事情总是难以预料。

埃米莉说，共同的"善良愿望"就像"一团火，推着这架机器不停地转动"。对于她来讲，这个善良的愿望非常必要，因为它首先是"敌对"的对立面。她在获奖发言里，面对奥斯陆的听众，以《人类的团结，还是民族主义》的标题向全世界爱好和平的人们呼吁，停止一切冲突，提醒人们要经常地想一想，如果所有的梭子都朝着一个方向运动，就不会有人织不出布来。她指出，和平必须是一个各种力量的和谐、平衡点，而不是僵化的、气量狭小的……就像一个有生命力的人体器官，它必须通过一个不断生长的有机过程才能不断发生变化。

虽然巴尔奇取得了巨大成功，获得了巨大的荣誉，但没有使她发生变化。她仍然忠实地遵循着她的做人信条：现在开始工作，这有很多工作。于是，她立即返回了她的家乡。

在生命的最后10年里，她像是在实践祖父的那句不很礼貌的格言："一个老女人就像一只煮不烂的猫头鹰。"她顽强地继续斗争，并在第二次世界大战结束以后开始反对她自己的国家——美国的"帝国主义战略"。她提出，美国应该建成一个适度的世界大国。她还写文章抨击核军事框架协定，发表致中国人民和生活在巴基斯坦的犹太妇女们的公开信，在这些活动中，她都提倡人道主义和宽容。获得诺贝尔奖以后，来自世界各地的大量信件寄到韦尔斯利学院，埃米莉都一一回复。

埃米莉·巴尔奇对一个没有敌对现象的世界的追求从来没有停止过。在她的理想中，世界是尽善尽美的，她希望自己能像年轻人一样去创造未来，她相信人的能力是无限的："在我看来，人的本质就像阿尔卑斯山。它的深谷是真实的，谷底漆黑得像是黑夜，而且阴森得可怕。但是，它的顶峰同样也是真实的，它直刺云霄，抚摸阳光。"

在生命的最后四年里，埃米莉的身体非常虚弱，她住在坎布里奇的疗养院里。她感到每天的日子都很无聊，她对原来同屋住的两个女朋友说，流逝的时光浑浊得"像废水"。"也许，她对生活要求得太简单了，以至于经常被别人遗忘。"她的侄女回忆说。

就在她刚度过了94岁生日的那天，埃米莉·格林·巴尔奇静悄悄地、不引人注意地去世了。临终前，她在意识还清醒的时候说："我用

走进科学的殿堂

我的一生做了我想做的那些事。"

埃米莉·格林·巴尔奇走了,静悄悄地!但她的精神永存。和平事业的路很长很长,更需要像她那样坚定不移地全身心地投入其中。正如埃米莉·格林·巴尔奇所说的那样,她的祖国是地球,和平的进程才能更进一步,和平的阳光才能普照世界的每一个角落。

人才云集

身残志坚的医学家雅各布

弗朗索瓦·雅各布，1920年6月17日生于法国的南锡，1938年毕业于法国卡诺公立中学，1951年获巴黎大学医学博士学位，1954年，获巴黎大学理学博士学位。1940—1945年在法国军队服役，1950年起在巴斯德研究所工作，1960年起任细胞遗传学部主任。1955年获法国国家科学研究中心铜质奖章，1958年获抗癌联盟Essee奖金，1962年获法国科学院C. L. Mayer奖，1965年获诺贝尔生理学医学奖，1965年获自由十字勋章、最高骑士勋章和荣誉军团勋章。

弗朗索瓦·雅各布的主要著作有：《蛋白质合成中的遗传调节机制》、《论基因活性的调节：大肠杆菌中β-半乳糖苷酶的形成》、《性与细菌遗传学》、《游离体细胞的代谢、生长和分化》。

人生轨迹上的改航

出生在一个富裕的法国犹太商人家庭的弗朗索瓦·雅各布，是家中的独生子，长得眉清目秀，又聪明伶俐，所以从小深得长辈们的宠爱。

走进科学的殿堂

在小雅各布刚懂事的时候,父母就对他开始进行教育。母亲特雷丝·雅各布上街购物时总是把小雅各布带在身边,并教他认路旁商店招牌和广告上的字。小雅各布很好学,也很聪明,很快他就不满足于商店招牌和广告上的词句了,他提出要看书。祖父早先从理工大学毕业,后来当上了法国陆军的将军。

祖父很喜欢这个漂亮伶俐的小孙子,给他买来许多童话、历史故事的画册,并教他读书写字。祖父发现小雅各布只对书中的图画和故事感兴趣,却嫌一笔一画地练写字太枯燥了,字写得歪歪扭扭。祖父就拿来一些著名画家的钢笔素描画。指着画面上优美的线条告诉他:写字和画画一样有趣。这个办法很有效,小雅各布果然对练写字产生了兴趣,他写的字逐渐漂亮起来了。

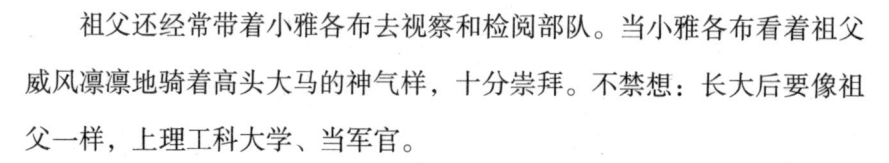

祖父还经常带着小雅各布去视察和检阅部队。当小雅各布看着祖父威风凛凛地骑着高头大马的神气样,十分崇拜。不禁想:长大后要像祖父一样,上理工科大学、当军官。

上学后,小雅各布勤奋好学,有礼貌、有教养,很受老师们的喜欢。

小雅各布不仅好学,而且善于独立观察、独立思考。大人们经常带他去教堂做礼拜。在十二三岁的时候,他发现大人们在做礼拜和做祈祷时,有的人很虔诚,有的则流于形式。他还发现,对宗教虔诚与否,与个人的财富、健康和幸福并没有什么关系。所以他不相信有能够主宰人命运的上帝。雅各布后来认为,自己就是从这个时候起开始逐步树立了崇尚科学的唯物主义世界观。

小雅各布有一位当内科医生的外舅公,长着满脸的大胡子。每当小雅各布生病时，他就将一块手帕放在小雅各布的胸脯上，然后将耳朵贴在上面听他的心跳和呼吸声。但那毛茸茸的大胡子总会穿过手帕，扎得小雅各布酥痒难耐，忍不住要笑出声来。外舅公不仅医术高明、医德高尚，受人尊敬，而且性格开朗，整天笑呵呵的，人缘特别好。每当谈起他为病人解除病痛的经历时，他外舅公就十分得意，眉飞色舞，似乎从中获得了无穷的乐趣。这给小雅各布以深刻的印象。像外舅公那样做一名医生，那样生活该是多么有趣呵，该是一件多么美的事呀！但他不想做内科医生，而是要做外科医生，做一名优秀的外科医生。

"当外科医生，整天看着伤员血淋淋的伤口，你会被吓坏的。"外舅公笑着说。仅管如此，外舅公还是把雅各布介绍给了做外科医生的朋友。外舅公的朋友也很喜欢这个聪明的男孩，带着他穿上白大褂走进手术室观摩外科手术。雅各布非但没有害怕，反而对技术精湛的外科医生和他手里那神奇的小小手术刀更加崇拜了。我要做的就是这样的外科医生！这一年，雅各布刚刚满16岁。

1938年，雅各布中学毕业，并以优异的成绩考入了向往已久的巴黎大学医学院。生活无忧无虑，学习和事业也很顺利。本来雅各布可以一帆风顺地去实现自己的理想，但是战争无情地打破了他平静的生活，也改变了他的人生轨迹。

1940年5月，德国法西斯入侵法国，并在几周内就打败了法国军队，6月初德军已兵临法国首都巴黎的城下。已是医学院二年级学生的雅各布清楚地知道，作为一名犹太人，在纳粹的统治下，会有什么样的厄运在等着他。而此时他的母亲因患癌症正处于弥留之际，他却无法离开母亲身边。6月中旬，就在雅各布年满20岁的前几天，母亲离他而去。几乎同时,法军宣布投降。雅各布没来得及擦干眼泪,就匆忙跳上朋友的汽车,从巴黎赶往法国西部的港口,混入一艘波兰人的货船,逃往英国。在船舱里,心情极度悲痛的雅各布无法入睡,美丽的家乡被德国法西斯蹂躏,可敬可亲的母亲亡逝,痛苦的泪水涌了出来,就在雅各布痛不欲生时,忽然从收音机中得知:已到英国的原法国国防部副部长戴高乐将军通过无线电广播宣布将组织法国抵抗运动,从纳粹的魔爪下解放法兰西。雅各布在船上决定:到英国后立即参加戴高乐将军领导的"自由法兰西"运动。这一天是雅各布20岁生日后的第二天,雅各布对这一天发生的事情记忆尤深。

此后,雅各布成为"自由法兰西军团"的一名军医,他参加了在北非消灭德国、意大利法西斯军队的战斗。他表现得十分英勇,经常不顾敌人的炮火在战场上救护伤员,并多次负伤,但他依然坚持在第一线。

再次遭受战争之苦

1944年6月,在连续几天的狂风巨浪之后,终于迎来了一个风平浪静的日子。在法国西部诺曼底海岸边,船只如梭,海滩上成千上万的军人在忙着登陆或卸载货物,天空中不时从西向东掠过一批批轰鸣着的轰炸机和战斗机。一周前的6月6日,由美、英、法、加拿大等国军队组成的盟军部队在诺曼底登陆,突破了纳粹德国军队的防线。现在盟军部队已牢固地占领了滩头阵地,战斗正在向敌纵深推进,从英国来的大批后续部队源源不断地跨过英吉利海峡从这里开赴前线。预示着胜利号角从这里吹响。

此时，在临时搭建的军用码头上又一艘军舰靠岸了，从军舰上走下来由勒克莱尔将军指挥的法国第二师的部队。在这支刚刚上岸的部队中，有一名年轻英俊的军医官，他就是4年前从巴黎逃出去的雅各布。4年后，他以一名解放军的身份重又回到祖国的怀抱！

医疗队沿公路向前线进发了。沿途的一切，对雅各布来说显得格外的亲切、美好。因为他父亲经营的房地产大部分就在诺曼底，小时候他经常跟随父亲到这一带来，这里的山山水水和一草一木，对他来说格外地熟悉。这时从远处飞来了几架飞机。由于盟国空军已掌握了制空权，几天来他们从未遇到过德国飞机的空袭，所以医疗队的大多数人并没有在意这几架飞机是自己的还是德国的，仍在公路上毫无顾忌地行进着。突然，一个士兵高声惊呼："这是德国人的飞机！"人们急忙四散隐蔽。但已经来不及了，德国飞行员早已发现了公路上的目标。尽管医疗队的旗子和汽车顶上有明显的红十字标志，但德国飞机还是毫无人性地投下了罪恶的炸弹，接着又是一阵扫射。顿时，公路上爆炸声四起，血肉横飞，硝烟弥漫。雅各布幸亏躲得及时，才没有受伤。当德国轰炸机飞走后，雅各布从地上爬起来，马上来到一位受伤较重的战友身边，为他包扎伤口。就在这时，敌机又飞回来了，雅各布不忍心丢下受伤的战友，只得用身体护住战友的头。只听得"轰"的一声巨响，他就什么也不知道了。

当雅各布醒来的时候，发现自己躺在后方医院的病床上。护士告诉他，那个战友已经被炸死了，他自己的身上也多处负伤。雅各布在医院里躺了足足7个月，出院时身上还残留着弹片，更糟糕的是他的右臂神经受到了损伤,右手很长一段时间里都无法自如活动。作为一名外科医生,对于他来说,无疑是一个致命的打击。雅各布出院后不久战争就结束了,他佩戴着法国军队的最高荣誉勋章——解放十字勋章离开了部队。

不屈的精神

1945年夏季,在巴黎街头的一个露天小咖啡馆里,雅各布独自一个人默默地坐着。他已经坐了很久很久了,杯中的咖啡早已没有了热气。尽管受伤的手正在逐渐恢复,但动作还是不太灵便,手指一点也不灵活。童年梦想再也无法实现。这对于一个从小立志的人来说是多么的沉重,他一下子失去了人生的目标,他简直不知道今后应该干什么,应该追求什么了。

在退役后的一段时间里,雅各布苦闷彷徨过。他曾经想到利用自己在表演和文学方面的才能,尝试当电影演员和进行写作。他在朋友拍摄的一部电影里扮演过一个小角色,也发表过一篇短篇小说。但这种生活并不能使他满意。雅各布觉得,这与他的理想相差太远了。他要好好想一想,自己今后的人生道路究竟该怎么走。他无论如何也割舍不下对医学事业的那份眷恋之情,痴迷之心,但要根据自身的条件及时调整努力的方向。这时,他那倔犟、不肯向命运低头的性格又一次显现了出来,他要完成自己那因战争而中断的学业,虽然不能再当外科医生了,但仍可以从事与医学有关的科学研究事业。雅各布相信自己能做到。社会从来只垂青于那些有思想准备的人,只垂青于那些

善于钻研工作的人。

恰在此时，英国在法国设立了一个青霉素研究中心。雅各布听说了这个消息后，马上去报了名，并被聘为研究人员。雅各布一边从事研究工作，一边回到巴黎大学医学院继续学习，27岁时获得了医学博士学位。同时他所参与的研究工作也取得了进展，第一次生产出青霉素就是在法国诞生。

通往诺贝尔奖坛之路

正在雅各布准备大干一番的时候，研究中心却停办了，这是谁也没有料想到的。在研究中心工作的两年中，雅各布看到微生物学正处于飞速发展的阶段，并显示了其灿烂辉煌的前景。身体的伤残和对科学的热爱，命令他把自己的目标由医学转到了与医学密切相关的微生物学。他获取了研究生奖学金，进入著名的巴斯德研究院，在微生物学家A.雷沃夫的指导下学习和从事研究工作。在这里，雅各布不仅获得了生理学博士的学位，更重要的是他找到了理想的研究机构、老师、合作者和毕生为之奋斗的研究课题，雅各布知道，这是上天对他的补偿。

在巴斯德研究院大楼的顶层有一条长长的走廊，走廊的一头是雷沃夫教授的研究室，另一头是年轻的生物学家J.莫诺的研究室，这两个研究室都在进行与细菌有关的研究，但研究课题却完全不同。雅各布先是在雷沃夫教授的指导下在溶源性细菌的遗传基础、细菌遗传物质与噬菌体之间的关系等方面的研究上获得了重要发现。后来，他又与莫诺合作研究酶在生物遗传中的作用，提出了遗传学上的两个重要理论概

走进科学的殿堂

念——"信使核糖核酸"和"操纵子"。前者导致后来的科学家们破解了遗传密码之谜,后者则解释了细菌的酶在合成调解方面长期使人迷惑不解的许多现象。

雅各布等人的研究成果,为人类认识遗传的机理、探索治疗疾病的新方法和发展生物技术,提供了重要的理论基础。为此,他与雷沃夫、莫诺共同获得1965年的诺贝尔生理学及医学奖。

在追求科学理想的征途上遭受命运的打击时,既要有对科学事业的执着热情,又要根据自身的条件及时作出相应调整。就像雅各布一样虽然未能实现童年时做一名外科医生的梦想,但他在微生物学方面的研究成果却使更多的人获益。法国也许因此而少了一名优秀的外科医生,但多了一名有杰出贡献的科学家和诺贝尔奖获得者。

欧洲大学之母——巴黎大学

护理之母南丁格尔

弗罗伦斯·南丁格尔（1820—1910年），英国护理学先驱、妇女护士职业创始人和现代护理教育的奠基人。

1820年5月12日，南丁格尔生于意大利佛罗伦萨。其父是旅意英侨，家庭十分富有，内阁大臣们是她家的常客。

南丁格尔本人受过正规的高等教育，曾在巴黎大学就读。可以用英、意、法、德语自如交谈。她自童年开始，即对护理工作深感兴趣，乡间度假时，常常跑去看护生病的村民。在青年时期，她已不满足于贵族生活，决心从事一项值得为之奋斗终生的事业，做一名护士的愿望在她的心目中日趋成熟。她不顾世俗的偏见和父母的反对，毅然投身于当时只有最低层妇女和教会修女才担任的护理工作。无论到哪个国家旅行，她都去访问医院。

南丁格尔

走进科学的殿堂

1850—1851年,她不顾家人的反对,到德国凯斯韦尔黎医院,与基督教女执事一同学习护理。1853年,到巴黎"慈善事业修女会"参观考察护理组织和设施,归国后,担任伦敦患病妇女护理会监督。

1854年克里米亚战争爆发,《时代》杂志记者威廉·罗莎的战地快讯,揭示了英国伤病员"缺乏最普通的病房简易用具",震动了英国社会,唤起公众对护理工作的注意。当时的首相西德尼·赫伯特,自然想起邀请他的朋友南丁格尔去做好这件事,这正与南丁格尔的愿望不谋而合。南丁格尔立即率领38名护士,奔赴前线斯库塔里医院,参加伤病员的护理工作。当时用品缺乏,水源不足,卫生条件极差。她克服种种困难,改善医院后勤服务和环境卫生,建立医院管理制度,提高护理质量,使伤病员死亡率从42%下降到2%。南丁格尔不仅表现出非凡的组织才能,而且对伤病员的关怀爱护感人至深。她协助医生进行手术,减轻病人的痛苦;清洗包扎伤口,护理伤员;替士兵写信,给予慰藉;掩埋不幸的死者,祭祀亡灵……每天往往工作20多个小时。夜幕降临时,她提着一盏小小的油灯,沿着崎岖的小路,在4英里之遥的营区里,逐床查看伤病员。士兵们亲切地称她为"提灯女士"、"克里米亚的天使"。伤病员写道:"灯光摇曳着飘过来了,寒夜似乎也充满了温暖……我们几百个伤员躺在那,当她来临时,我们挣扎着亲吻她那浮动在墙壁上的修长身影,然后再满足地躺回枕头上。"这就是所谓的"壁影之吻"。因此,"举灯护士"和"护士大学生燃烛戴帽仪式",也成为南丁格尔纪念邮票和护士专题邮票的常用题材。

南丁格尔在克里米亚的巨大成功和忘我的工作精神,博得各国公众的赞扬。护士工作的重要性为人们所承认,护理工作从此受到社会的重视。

1856年战争结束后,体弱多病的南丁格尔才离开战地医院回到伦敦。英国公众捐赠巨款,以表彰她的功勋,南丁格尔用此资金作为"南丁格尔基金"。1860年,南丁格尔在伦敦圣托马斯医院创办了世界上第一所护士学校,后又开创了助产士和济贫院护士的培训工作,推动了西欧各国以及世界各地的护理工作和护士教育的发展。她强调护理工作是一门非宗教性的专业,必须由受过科学训练和品质优秀的护士负责护理教育和行政管理。她以病弱的身躯充满激情地工作,为培养护理人才倾注了毕生精力,确立了护理工作的社会地位和近代护理学的科学地位,使护理学科成为现代医学的重要组成部分,护理工作成为受人敬重的职业。现代护理学是社会发展的产物,职业性护士的出现,是现代化进程中专业化不断提高的结果,也是妇女自立运动的重要胜利。职业护士的资格,由护士教育标准限定,并坚持注册和许可证制度。南丁格尔有不少论著,她在1858年出版的名著《护理工作记录》成为当时的畅销书,被翻译成多种文字,是现代护理学的经典著作。

1867年,在伦敦滑铁卢广场,建立了克里米亚纪念碑,并为南丁格尔铸造提灯铜像,和西德尼·赫伯特的铜像并列在一起。

1907年,英国政府授予南丁格尔最高荣誉勋章,这是首次将该勋章授予女性。伟大革命导师马克思在文稿中,也曾两次充满感情色彩地称赞这位既温柔又坚强的女性:"在当地找不到一个男人有足够的毅力去打破这套陈规陋习,能够根据情况的需要,不顾规章地去负责采取行动。只有一个人敢于这样做,那是一个女人,南丁格尔小姐。她确信必须的物品都在仓库里,于是带领几个大胆的人,真的撬开了锁,盗窃了

走进科学的殿堂

女王陛下的仓库,并且向吓得呆若木鸡的军需官们声称:我终于有了我需要的一切。现在请你们把你们所看到的去告诉英国吧!全部责任由我来负!"

1910年的一个晚上,南丁格尔这位90岁的疲惫老人,在睡梦中安然长逝。为了永远纪念她,国际护士协会和国际红十字会,把她的诞生日定为国际护士节,并决定以南丁格尔的名字命名最高护士名誉奖,即南丁格尔奖。自1912年以来,每两年对各国卓有成就的护士颁发一次南丁格尔奖。中国作出卓越贡献的优秀护士有许多也获得了南丁格尔奖。南丁格尔是伤病员们心中感到无比温暖的那盏灯,将永远照耀护理事业的道路。

人才云集

华人风采

天才数学家陈省身

伟大的数学家、伟大的教育家、伟大的爱国者，中国科学院外籍院士、南开数学研究所名誉所长陈省身教授，因病医治无效，于2004年12月3日19时14分在天津逝世，享年93岁。

陈省身浙江嘉兴市人，出生于1911年10月28日。1920年考入秀州中学高小部读书。1922年全家移居天津。

1923年初，陈省身考入天津扶轮中学（现天津铁路一中）。1926年考入南开大学，受教于姜立夫教授，接受了4年的严格学术训练。陈省身回忆说："我的大学生活过得非常愉快"，"我从事于几何多亏了我的大学老师姜立夫博士。"

陈省身

1930年6月28日，陈省身获得南开大学理学士学位。当年考入清华大学研究生院理科研究所算学部读研究生。陈省身3年的学习成绩除第二外国语考试"及格"外，其余各科成绩均为"超等"。在清华大学学习期间，陈省身尽力扩大知识视野，聆听外国数学名家的讲学，特别是德国汉堡大学 W. 布拉施克教授的系列演讲，使他进一步坚定了他献身数学的信心。他曾说过："布拉施克教授对我影响之大，怎么说也不过分。"

1934 年 10 月 19 日，陈省身受清华大学资助入德国汉堡大学，随布拉施克教授研究几何。在布拉施克教授的指导下，写成《关于网的计算》论文，并于 1935 年秋完成《2r 维空间中 r 维流形的三重网的不变理论》的论文。陈省身的学习成绩和杰出工作使布拉施克非常满意，主动要求校方破格给予博士资格考试，《2r 维空间中 r 维流形的三重网的不变理论》即被用作博士论文。1936 年 2 月，陈省身以"优秀"的总评成绩被授予博士学位。

1936 年 9 月，陈省身以"法国巴黎索邦中国基金会博士后研究员"身份，到巴黎大学从事研究工作，师从国际几何大师 E. 嘉当。在此期间，他一共完成 3 篇论文，学到了嘉当微分几何的精髓，这为他日后的成功奠定了良好的基础。

1937 年，陈省身应清华大学邀请，回国担任数学系教授。时值日本帝国主义发动全面侵华战争。7 月 10 日，陈省身从巴黎动身前往美国纽约，顺访普林斯顿高级研究所，然后借道加拿大乘船回国。这时，北京大学、清华大学、南开大学已奉命在湖南长沙成立临时大学，陈省身即刻前往，在长沙临时大学数学系讲授"微积分"和"高等几何"两门课程。12 月，经吴有训、杨武之介绍，陈省身与清华大学数学教授郑桐荪的女儿郑士宁举行订婚仪式。陈省身后来说："武之先生促成我的婚姻，使我有一个幸福的家庭。"

1938 年 1 月，长沙临时大学迁往昆明，改称国立西南联合大学。陈省身与杨武之、江泽涵、饶毓泰等一同前往。在西南联大的日子里，他满怀爱国热情，克服生活困难，努力坚持在教学第一线，先后讲授了"高等几何"、"微分几何"、"微分方程"、"黎曼几何"、"网几何"、

"拓扑学"等课程，并为硕士生开设圆球几何学、外微分方程等，还与华罗庚、王竹溪联合举办李群讨论班，培养了许多优秀的学生，包括严志达、王宪钟、吴光磊、王浩、钟开莱等后来成名的数学家。陈省身的课程还吸引了理学院其他系的学生，当时在西南联大物理系读书的杨振宁就正式选修过他的微分几何学。陈省身后来说："得天下之英才而教育之，是我一生的幸运。尤其幸运的是这些好学生对我的要求和督促，使我对课程有更深的了解。"

陈省身在西南联大的学术研究十分活跃。从1938年2月到1943年7月，陈省身写了10多篇论文。1938年，他的论文《关于投影正规坐标》由美国数学家维布伦推荐，并在美国著名杂志《数学纪事》上发表。1942年又接连在《数学纪事》上发表了《关于克莱因空间的微分几何》和《迷相曲面几何》两篇重要论文。

1943年7月15日，陈省身应美国普林斯顿高级研究所的邀请前往美国。当时普林斯顿是举世闻名的数学中心，高级研究所，因有爱因斯坦、维布伦等著名大师，创造了普林斯顿恢宏的学术声誉，并给陈省身以重大的影响。他曾回忆说：爱因斯坦是历史伟人，我多次到他家里。他建立的相对论，用到四维的黎曼几何，与数学的关系很密切，所以我们也常常谈到当时的物理学和数学。

1943年10月，陈省身完成《关于闭黎曼流形高斯——博内公式的一个简单证明》的论文，发表于次年的《数学纪事》第45卷第4期。这是他一生最得意的工作。他首创通过在切向量丛的球面丛上的运算获得证明的内蕴方法，不仅证明了几何学中一个极其重要而困难的定理，更重要的是创造了研究整体几何的崭新方法。

1945年9月，美国数学会举行夏季大会，陈省身应邀作一小时演讲，在题为"大范围微分几何若干新观点"的演讲中，系统阐述了他继承E.嘉当发展起来的纤维丛的理论方法，引起学术界强烈反响，被称之为"这表明整体微分几何新时代的到来"。10月，完成论文《埃尔米特流形的示性类》。这是陈省身又一项重要工作，其中提出了现在称之为"陈类"的不变量，为整体微分几何奠定了基础。陈省身以上述成就而成为国际微分几何界一位无可争辩的领袖人物。

1945年12月，陈省身提前起程返国，翌年4月初到达上海。不久，参加了中央研究院数学研究所筹备处的工作，任筹备处代理主任。数学研究所成立后，任代理所长，教授了吴文俊等一批后来成名的数学家。1948年，陈省身当选为中央研究院院士。年底，再次接受普林斯顿高级研究所邀请赴美，担任"维布伦讨论班"主讲人。是年夏，担任芝加哥大学数学系几何学教授，培养了一批优秀的学生。1950年，应邀在美国坎布里奇举行的第十一届国际数学家大会上作题为"纤维丛的微分几何"的大会演讲，大范围微分几何由此得到世界上的公认。20世纪50年代，陈省身在美国、欧洲广泛进行学术活动。1952年，在哈佛大学做访问教授。1960年受聘加州大学伯克利分校。他在该校任职约20年，使该校成为几何和拓扑研究的中心。1961年加入美国籍，一月后当选美国科学院院士。1963年当选为美国人文与自然科学院院士。1981年任美国国家数学研究所首任所长，1984年任名誉所长。1983年，获美国数学会斯蒂尔奖，以表彰他的"整个数学工作所产生的长期影响"。1984年，因为他"对整体微分几何的深远贡献，影响了整个数学"而获国际沃尔夫数学奖。

陈省身始终对祖国怀有一颗着赤诚之心。1972年9月，中美两国关系刚一解冻，他就回国并访问了南开大学，此后又多次回到祖国访问、讲学。看到祖国翻天覆地的变化和欣欣向荣的发展，他感到由衷的喜悦。在《回国》诗中写道，"飘零纸笔过一生/世誉犹如春梦痕/喜看家园成乐土/廿一世纪国无伦"。他还深情地表示："我的最后事业也在祖国"，"我要为中国数学的发展鞠躬尽瘁，死而后已。"每次回国，陈省身都诚挚地就对外开放、发展科学事业、培养和引进优秀人才、加强中国的数学研究建言献策,并殚精竭虑帮助中国在自己的土地上建立培养高级人才基地。他积极推进美国与中国学者的学术交流。1980年,首届"国际微分几何与微分方程会议"在陈省身的建议和组织下在北京举行,他亲任美国代表团团长参加会议。他还积极倡导协助中国数学界举办"暑期数学研究生教学中心"和中国数学研究生赴美参加"陈省身项目"的研读。同时,不辞辛苦地奔走于北京、天津、上海、杭州、南京、广州、武汉、成都、重庆、昆明、西安、大连等地演讲和授课。他对中国数学界和青年数学研究人员寄予厚望。早在1980年就提出"我们的希望是在21世纪看见中国成为数学大国",1988年再次提出"中国应该成为21世纪数学大国",被称为"陈省身猜想"。1993年,他和丘成桐一起向江泽民同志建议,中国争取在20世纪末21世纪初举办一次国际数学家大会。这一会议终于于2002年在北京召开,陈省身被选为大会名誉主席,并在开幕式上发言。

陈省身与天津、与南开大学有着不解的情缘。他多次深情地说过:"我最美好的年华是在天津、在南开度过的。"他喜爱南开的朴实宁静,早在20世纪70年代末,他就构想在南开大学成立数学研究所,建设扎根国内,培养中国高级数学人才的基地。经过不懈努力,南开数学研究所终于在1985年建成,他欣然接受教育部邀请,出任首任所长并制定了"立足南开,面向全国,放眼世界"的办所宗旨。他不仅向研究所捐款、捐赠自己收藏的全部数学书籍约万册,而且生前立下遗嘱向南开数学研究所捐赠部分遗产。自1985年以来,在陈省身的主持和倡导下,南开数学研究所有计划地邀请国内外著名学者前来讲学,并举办一系列国际学术会议和"21世纪中国数学展望学术讨论会",现在已经成为国内外瞩目的数学中心。他生前倾注心血的南开大学国际数学研究中心大楼也已经建成。

走进科学的殿堂

陈省身晚年愈加情系祖国，2000年初即明确表示"我选择回津定居是想在有生之年多做些工作"。1月25日，天津市授予他永久定居权。

陈省身是数学泰斗，华人典范。他生前多次受到邓小平、江泽民、李鹏、胡锦涛、温家宝等党和国家领导人的亲切接见，倾听他关于科教兴国、人才强国的建议，高度赞扬他对祖国现代化建设、对祖国统一大业的关心，对他为科学教育事业发展作出的杰出贡献给予高度评价。

陈省身在国际上享有极高的学术声誉，是巴西科学院、意大利比洛里塔那科学院通讯院士，美国哲学学院院士，纽约科学院终身名誉院士，意大利林琴科学院、法国科学院、俄罗斯科学院外籍院士，印度数学会、伦敦数学会荣誉会员，英国皇家学会外籍会员，美国哲学会会员，是第三世界科学院创始成员。陈省身对整体微分几何的卓越贡献，影响了整个数学的发展，被公认为"20世纪伟大的几何学家"，还曾获美国国家科学奖章、中国国际科技合作奖和首届邵逸夫奖（数学科学奖）。2004年，国际小行星中心将1998CS2号小行星命名为"陈省身星"。

华人风采

欧洲大学之母——巴黎大学

核物理学家钱三强

钱三强，原名钱秉穹，浙江绍兴人，出生于1913年，父亲钱玄同是中国近代著名的语言文字学家。他少年时代即随父在北京生活，曾就读于蔡元培任校长的孔德中学，16岁便考入北京大学预科，1932年，又考入清华大学物理系。1936年，钱三强毕业后，担任了北平研究院物理研究所严济慈所长的助理。翌年，他通过公费留学考试，在卢沟桥的炮声响起之际，以报国之志赴欧洲，进入巴黎大学居里试验室做研究生，导师是居里的女儿、诺贝尔奖获得者伊莱娜·居里及其丈夫约里奥·居里。两代居里夫妇都是世界知名的核物理学家，第二代的丈夫因慕名还改用了妻家的姓。

钱三强

华人风采

走进科学的殿堂

　　1940年，钱三强取得了法国国家博士学位，又继续跟随第二代居里夫妇当助手。1946年，他与同一学科的才女何泽慧结婚。夫妻二人在研究铀核三裂变中取得了突破性成果，被导师约里奥向世界科学界推荐。不少西方国家的报纸刊物刊登了此事，并称赞"中国的居里夫妇发现了原子核新分裂法"。同年，法国科学院还向钱三强颁发了物理学奖。

　　1948年夏天，钱三强怀着迎接解放的心情，回到战乱中的祖国。他回国不久就遇到1949年1月的北平和平解放，他在兴奋中骑着自行车赶到长安街汇入欢庆的人群。随后，北平军管会主任叶剑英派人找到他，希望他随解放区的代表团赴法国出席保卫世界和平大会。中共中央还在极其困难的情况下拨出5万美元，要他帮助订购有关原子能方面的仪器和资料。看到共产党的领导人在新中国尚未建立时就有这种发展科学事业的远见，钱三强激动得热泪盈眶。从国外归来后，他于开国大典当天应邀登上了天安门。

　　从新中国建立起，钱三强便全身心地投入了原子能事业的开创。他在中国科学院担任了近代物理研究所（后改名原子能研究所）的副所长、所长，并于1954年加入了中国共产党。1955年，中央决定发展本国核力量后，他又成为规划的制定人。1958年，他参加了苏联援助的原子反应堆的建设，并汇聚了一大批核科学家（包括他的夫人）。他还将邓稼先等优秀人才推荐到研制核武器的队伍中。

　　1960年，中央决定完全靠自力更生发展原子弹后，已兼任二机部副部长的钱三强担任了技术上的总负责人、总设计师。他像当年居里夫妇培养自己那样，倾注全部心血培养新一代学科带头人。在"两弹一星"的攻坚战中，涌现出一大批杰出的核专家，并在这一领域创造了世界上最快的发展速度。人们后来不仅称颂钱三强对极为复杂的各个科技

领域和人才使用协调有方，也认为他领导的原子能研究所是"满门忠烈"的科技大本营。

晚年的钱三强身体日衰，仍担任了中国科协副主席、中国物理学会理事长、中国核学会名誉理事长等职务。他一直关心中国核事业的发展，强调不仅要服务于军用还要供民用。1992年，他因病去世，享年79岁。国庆50周年前夕，中共中央、国务院、中央军委向钱三强追授了由515克纯金铸成的"两弹一星功勋奖章"，表彰这位科学泰斗的对科学界做出的巨大贡献。

走进科学的殿堂

国学泰斗王力

华人风采

　　王力（1900—1986年），北京大学中文系一级教授，中国现代语言学奠基人之一，杰出的语言学家、教育家、翻译家、散文家和诗人。曾任中国科学院哲学社会科学部委员。

　　王力，字了一，1900年8月10日生于广西博白县，早年贫寒辍学，在家自学。1924年到上海，先后入南方大学、国民大学学习。1926年考进清华大学国学研究院，1927年赴法国留学，获巴黎大学文学博士学位。1932年回国后，历任清华大学、燕京大学、广西大学、昆明西南联合大学、岭南大学、中山大学等校教授，并曾担任中山大学、岭南大学文学院院长、中山大学语言学系主任。

王力（右）

　　1954年后任北京大学教授，同时担任中国文字改革委员会委员、副主任，国家语言文字工作委员会顾问，中国科学院哲学社会科学部委员，中国语言学会名誉会长。在50多年的学术生涯中，王力撰写了上千万字的学术论著，其中专著40多部，论文200多篇。他的研究工作既继承了我国古代语言学的优良传统，又充分吸收了国外语言学的研究成果，在中国的语言学从传统学术向现代学术转变和发展的过程中，起了重要作用。他的研究涉及汉语语言学的理论、语言、语法、词汇、语言史、语言学史以及汉语方言、汉语诗律学等各个领域，其重点研究成就都具有开创的意义，带动了学科水平上升到新的高度，为中国现代语言学的开拓与发展作出了巨大的贡献，并在国内外产生了突出影响。王力先生的治学具有突出特点。

第一，将传统的"小学"（语文学）和现代语言科学相结合。王力运用先进的语言理论重新审视中国传统的语文学，或科学地诠释旧的文字、音韵等。

第二，将教学与科研相结合。王力在高等学校从事教学50余年，先后开设过20多门课程。他写出来的讲义，就是他的科研成果。所以常常是一上完课，他的讲稿就可以送出版社出版，而且多是高水平的专著。

第三，创新与求实相结合。在科学研究中，王力开创了不少新的汉语言学科体系，提出许多新的见解。例如《中国文法中的系词》一文，运用历史比较的方法分析了大量的语料，系统地考察了汉语"名句"句法结构的特点和系词的产生及发展过程，指出古汉语名句的主语与表语之间不用系动词。这不仅正确揭示了汉语语法的一个重要特点，而且是中国语言学家首次真正摆脱西洋语法的束缚，历史地、求实地研究汉语自身特点而取得的重大成果。他强调说，"如果墨守师说，学术就没有发展了。"正是由于王力具有这种求实的学风，才能不断创新。

第四，渊博与专深相结合。王力的学问博大精深，为学界所公认。他不仅是杰出的语言学家，而且是著名的翻译家、诗人和散文家。他翻译、出版过法国纪德、小仲马、嘉禾、左拉、都德、波特莱尔等作家的小说、剧本、诗歌以及《莫里哀全集》共20余种。他早年还撰写了《罗马文学》、《希腊文学》。他自己创作的诗歌和散文基本上收录在《龙虫并雕斋诗集》、《王力诗论》与《龙虫并雕斋琐语》里。后者多次重版，在港台也一再翻印。中国现代文学史家把他和梁实秋、钱钟书推崇为抗战时期三大学者散文家。王力作为语言学大师，不仅注重专业的学术研究，在语言科学诸多领域勤于开创，写出了许多高水平的论著，取得丰硕的成果，而且非常关注语言文字学的普及与应用。

欧洲大学之母——巴黎大学

居里夫人的中国学生施士元

施士元是居里夫人唯一的中国物理学学生，他是中国最早从事核物理研究的人，他首创了我国原子核物理专业。他是居里夫人的学生，他的学生吴健雄则被誉为"美籍华裔的居里夫人"。他是中国最早从事锕系核谱工作的学者。他第一次提出了"原始粒子"猜想，并预言第一个实验证明"原始粒子"存在的人将获得诺贝尔奖。

施士元

1908年3月18日，施士元降生在上海崇明岛。父亲施禹传毕业于保定军官学校，这位骑兵军官后因负伤解甲归乡，他对施士元要求十分严格。

1920年，施士元进入享有盛誉的浦东中学，当时中学是6年制的，可施士元却只读了5年。1925年，他以数学、物理、化学三门课均满分100分的成绩，考入清华大学。

华人风采

走进科学的殿堂

1929年,施士元以优异的成绩从清华大学毕业,而后又通过了江苏省举行的官费留学考试,考入闻名世界的巴黎大学。在那里,他遇到了对他人生影响最大的人——蜚声世界的著名物理学家居里夫人。

1929年底,在巴黎大学注册时,施士元收到了一沓教授名册打印件,那上面排列着数十位法国学者和各国科学家的名字。看着这份长长的导师名单,施士元突然有一种无从下手的感觉。对他来说,眼前的每一个名字,都是一座足可仰视的高山。在仔细的翻阅中,施士元突然发现了一个令他兴奋得几乎不敢相信的名字——居里夫人!于是施士元决定师从居里夫人。居里夫人对施士元也非常满意,决定接受这个中国男孩作为她的学生。

施士元暗下决心,要从做人、做学问两方面拜居里夫人为师,学到真东西。进入镭研究所后不久,施士元就发现居里夫人做事十分认真,要求十分严格。实验室门上贴着一张颜色已发黄的纸条,上面用法文写着:"任何材料不允许带出室外。"她规定:在离开实验室之前,必须把实验台面和仪器整理好,凡是从某一地方取出来的东西必须放回原来的地方。有一次,居里夫人发现图书室中有一本杂志不见了,她就在全所查询:"是谁取走了这本杂志,为什么没有在借书簿上登记?"后来发现,只是有人不小心插错了地方。这些小事,给施士元留下了深刻印象,也从中领悟到科学需要严谨的作风。

在施士元做实验时,居里夫人经常站在他的身边,用略带严厉又近乎固执的口吻,反复地提醒必须注意的事项:一是不能用手去碰放射源,要用镊子去夹取,否则手指尖会被灼伤,变得僵硬甚至发炎;二是接近放射源时，要用铅盾挡住自己的身体，要屏住呼吸，以防把放射性气体吸入体内。居里夫人再三告诫他，这是非常关键的。

刚开始的时候，施士元有些不解：这么大的科学家怎么老是反反复复地说这些东西。后来才明白，原来在他来镭研究所之前，曾有一个法国青年在这儿工作。居里夫人给他一个题目，就是用内转换电子能谱来解决γ射线谱，当时用的是镭系的放射性沉淀物，其中氡是一种放射性很强的惰性气体。这个法国青年本来身体强壮，科研工作也取得了一些进展，但因为没注意安全事项，吸进了相当剂量的氡气，后来患了急性肺炎，不幸死去。他的死给充满爱心的居里夫人留下了一道难以抹去的伤痕。从此，每当居里夫人不厌其烦地提醒施士元时，一股暖意就会在他全身弥漫。居里夫人给施士元的实验课题正是那个法国青年未完成的。但施士元认为，科学是需要有献身精神的，居里夫人就在长期的实验中身体受到很大损害，当然也应避免无谓的牺牲。由于施士元在清华大学读书时曾苦练游泳，进行实验操作时屏住气是件轻而易举的事。在镭研究所工作的4年中，由于不断得到居里夫人的正确指导，施士元的身体没有受到任何损伤，这可算是一大奇迹。

居里夫人虽然在学术上对大家要求十分严格，但她为人充满爱心。她总是对学生倾注慈母般的爱。有时候，她会关心地询问施士元的生活情况，问有没有困难，即便是有些生活琐事她都能想得很周到。有时候，施士元正在专心实验，居里夫人会忽然出现，轻声地说："我想实验的过程应该是这样的……"说着就熟练地示范起来。

在留学期间，施士元全方位地受到了居里夫人的影响，他不仅学到了知识，更重要的是学到了治学需要的求索精神。在几年间，施士元对钍 B 的 β 射线磁谱的文章于 1932 年在法国科学院院报上发表。他还完成了钍 C + C′ + C″ 的 β 射线的磁谱工作、对锕系元素锕 C + C′ + C″ 做 β 射线磁谱工作，这些都在法国科学院院报上发表。最后一篇总结性文章，则在 1933 年法国物理学年鉴上发表。这些文章引起了较大的反响，为施士元以后的发展奠定了扎实的基础。

1933 年，一个春光明媚的日子，在巴黎大学理学院的阶梯教室里，举行了施士元的博士论文答辩。巴黎大学任命居里夫人、P. 拜冷和 A. 特比扬主持答辩。这 3 位主考官都是获得过诺贝尔奖的物理学家，评委阵容精干而豪华。

在答辩会上，施士元认真自信地宣读了博士论文。他的论文题目是《放射性同位素钍的放射性沉淀物的 β 能谱》，副论文题目是《β 能谱通过物质时的变化》。他的论文均是在居里夫人的精心指导下完成的。宣读完论文后，3 位大师从各个不同的角度不停地提问。施士元对此早已作好了充分准备。因此，他侃侃而谈，发挥得十分出色。施士元的同学帮他拍下了当时的情景。这是居里夫人留给施士元的唯一纪念。

这张照片中施士元胸有成竹地站在讲台前，居里夫人坐在教室侧面 3 人评审小组的中间位置，她扬着头，在认真地聆听着这位年轻而有才华的得意弟子娓娓而谈，露出满意的神情。

论文答辩结束后，居里夫人宣布休会 20 分钟。一会儿，3 位大师从会议室出来，居里夫人高兴地宣布："论文通过，很好。"她向施士元伸出热情的手，祝贺他答辩成功，获得博士学位。

第二天，居里夫人专门为施士元举行了酒会。在镭研究所充满欢声笑语的草地上，居里夫人首先致词："请大家举起酒杯，为祝贺施先生完成论文而干杯！"席间居里夫人来到施士元的身边，小声地询问他是否愿意留下来继续工作，施士元委婉地说："我们公费学习的期限是4年。"居里夫人善解人意地说："不用担心，以后的工作与生活费用我来想办法为你解决。"面对居里夫人充满期待的眼神，施士元沉默了。他想：留下来确实很好，这里有居里夫人这样世界一流的大师指导，有世界上最好的实验设备，在这里或许能取得更好的学术成就。但一种更为强大的力量驱动着他，施士元想起当年留学前学成报国的夙愿，最终还是选择了回国工作。

那是一次朴素的酒宴，那是一次告别的聚会，也是一次等待重逢的离别。1933年的夏天，施士元取道苏联，回到了祖国。

1934年7月4日，居里夫人因大半生接触放射性物质，患恶性贫血，最终在法国阿尔卑斯山疗养院逝世，享年67岁。

阿尔卑斯山

走进科学的殿堂

得知居里夫人逝世噩耗的施士元，顿时沉浸在悲痛之中。他怎么也没有想到，在镭研究所草地上举行的美好聚会竟成了他与居里夫人的永别。

再去法国看看的心愿，由于种种原因一直未能实施。直到1978年，施老应邀到德国参加有关原子核问题的国际研讨会，才有机会圆他的"法国梦"，昔日的镭研究所已成了居里夫人博物馆。走着，看着，想着，施老眼眶湿润了：居里夫人不在了！当年同在镭研究所的其他人员都离开了人世！

1933年，施士元通过了位于南京的中央大学的聘任考试，成为该大学物理系主任、教授，从此开始了他教学、科研的国内生活。回想到这个人生的坐标点时，施老自豪地说："我可能是当时世界上最年轻的教授吧。"

华人风采

南京大学校园一景

在受聘仪式上，发生了一件别有意味的事：一同受聘的人中，有一位是施士元的中学老师，但聘的只是讲师。当施士元热情地与他寒暄时，这位老师喃喃几句，说不出什么话来。第二天，这位老师不辞而别。

施老从此与中央大学、南京大学结下了不解之缘,一呆就是60年,精心培育物理学的栋梁之材。他的学生中有12名院士,有世界著名核物理学家吴健雄,还有相当一批人成为我国"两弹"研制的骨干力量,他们为我国核物理研究作出了杰出的贡献。

1945年8月,美国在日本广岛、长崎投下两颗原子弹,日本最终无条件投降,当时中央大学已西迁重庆。许多人向施士元提出:"什么是原子弹?为何原子弹有这么大的威力?"施士元根据他掌握的核物理知识,通俗地作了介绍。施士元的报告在《中央日报》上披露后,一些机关如资源委员会及军事部门,纷纷邀请施士元作报告。蒋介石闻讯,令其侍从室人员要求施士元做一份制造原子弹的计划书。1945年9月底,教育部令王书林到南京办个临时大学,王书林约施士元到临大工作。于是他俩在白市驿机场乘坐一架军用飞机飞回南京。后施士元忙于教课和系主任工作,此事不了了之。

1946年,中央大学迁回南京。施士元负责筹建物理系。当时,学生运动此起彼伏,地下党活动中心就在物理系内。施士元表面上不过问此事,内心却表示理解和支持。1949年初,国民党败退之势已成定局,蒋介石准备逃往台湾。当时中央大学校长周鸿经,将两只木箱送到物理系,准备把实验仪器装运往台湾。施士元见此木箱,暗笑周鸿经的无知,命令其实验员高成功将原版德文图书装箱,从科学馆沿水泥楼梯从二楼推移至一楼,木箱粉身碎骨。当理学院讨论是否搬迁台湾时,施士元将木箱一事公开,会上决定理学院不去台湾。当时中央大学有很多院系,理、文、工、医、农、林、化工、航空等。理学院不迁,工学院闻讯也不迁,其他学院也不迁。只有校长、教务长、总务长三人带了一笔巨款去了台湾。1949年4月,百万雄师过大江,中央大学师生迎接解放。理学院带了头，保存了一大批师资力量，这对后来的南大、南工、南航、南化等大学的发展起到了不可磨灭的作用。1952年院系调整时，中央大学文理两院加上金陵大学及金陵女子大学文理教师组成南京大学。施士元负责基础物理教研组。

20世纪50年代，为了配合中国发展原子能事业，施士元受命创建了原子核物理专业。当第一届国际和平利用原子能会议在日内瓦开过以后，苏联将一些图片资料送来中国几个大城市进行原子能和平利用巡回展览。施士元和南京大学一批师生至上海苏联展览馆参观学习。会上来了十几位苏联专家作学术报告，专门的翻译人员进行口译，因为没有专业知识，所以听者听后感到十分茫然。为了弥补僵局，施士元作辅导报告，深入浅出，这样听众恍然大悟。出版社听到这个消息之后，要施士元的讲稿，并将其成书出版。《核反应堆理论导论》就这样于1960年出版。这是我国当时唯一的反应堆理论书籍。过后多年，从事反应堆设计的学生们知道，这书依旧是他们的入门教材。施士元通过自己几十年的不懈追求，在学术上取得喜人的成就。他是中国最早从事锕系元素核谱工作的学者，他和居里夫人及其助手罗森勃隆一起发现了α射线精细结构的能量与一些γ射线的能量严格相等，这意味着原子核有转动状态的存在，而原子核转动状态理论的建立则是在20多年后。

20世纪70年代，施士元转入高能物理理论研究。他发现了原始粒子的存在，原始粒子的质量是37.5兆电子伏特，所有的基本粒子都是由原始粒子构成的。施士元说，70年代，他把有关原始粒子的论文寄给国内外学术刊物，但都被退了回来，因这是一个至今尚未被证明的"原始粒子"。施老肯定地说："如果谁能第一个在实验上证明原始粒子的存在，他将获得诺贝尔奖！我真希望国内能出这样的人！"

著名物理学家严济慈

严济慈（1900—1996年），中国著名物理学家、教育家，原全国人大常委会副委员长。浙江东阳人。14岁时考入东阳中学，他学习成绩年年第一，在数学方面表现出特殊的才能，并深得英语教师、著名翻译家傅东华的赏识，并为他取字"慕光"。1918年夏，他到杭州参加全国6所高等师范学校的联合招生考试，以全省初试和南京复试均为第一名的优秀成绩考入南京高等师范学校。当时的"南高"与"北大"齐名，是南方青年特别是穷苦学生向往

严济慈

走进科学的殿堂

的最高学府。1923年毕业于南京高等师范学校数理化部和东南大学物理系。同年11月，23岁的严济慈只身来到法国，补习了半年的法语口语，随后进入享有盛名的巴黎大学理学院，并在著名物理学家法布里教授的实验室从事研究工作。他以东方人特有的勤奋努力克服学习困难，只用了一年时间便学完了理学院最难的功课，并以优异的成绩完成大学学业，获得数理教学硕士学位，这在巴黎大学的历史上是十分罕见的。

1925年，严济慈获数理硕士学位，1927年，他又获法国国家科学博士学位。与此同时，导师法布里当选为法国科学院院士，在他第一次出席科学院会议时宣读了严济慈的论文。《巴黎晨报》配以师生照片作显著报道。1927年在他回国途中，徐悲鸿为他画了一张素描，并把该画誉为"科学之光"，从此两人成为至交。

严济慈

严济慈从回国以后，1927年任上海大同大学，中国公学，暨南大学和南京第四中山大学教授，并参加中央研究院筹备工作。1931年后又在法国巴黎大学从事研究工作。1931年后，任北平研究院物理研究所所长，兼镭学研究所所长。1935年，严济慈被选为法国物理学会理事。1945年，他又应美国国务院邀请，在美国各地讲学。1946年，获国家抗战胜利勋章。1948年，被选为中央研究院院士。1949年后，任中国科联代秘书长、中国科联秘书长、中国科学院办公厅主任兼应用物理研究所

所长。1952年后,任中国科学院东北分院院长。1955年后,任中国科学院数理化学部委员、技术科学部主任。1958年后,兼中国科技大学教授、副校长、校长、研究生院院长,任中国科学院副院长,中国科学院主席、执行主席,中国科协书记处书记,中国科协副主席,九三学社中央副主席,全国人大常委会副委员长。严济慈是第一至七届全国人大代表,第三至七届全国人大常委会委员,第六、七届全国人大常委会副委员长,第一届全国政协代表。1996年11月2日,严济慈在北京逝世,享年96岁。